Ich bin bei Euch

Die Erde will mit uns sprechen

Sten Linnander

Originaltitel: I Am With You. The Earth Wants to Talk to Us.
Aus dem Englischen übersetzt von Stefan Steinhäuser
Lektorat: Julio Lambing und Rainer Duhm
Satz: www.pradel-buch.de
Umschlaggestaltung: Ranilo Cabo
www.IchbinbeiEuch.de
ISBN 978-3-9814889-3-7

Inhaltsverzeichnis

Danksagung

Ich möchte mich bei folgenden Personen bedanken, die dabei geholfen haben, dieses Buch Wirklichkeit werden zu lassen:

Meiner Frau Karin, die mir bei der Realisierung dieses Buchprojekts auf unschätzbare Weise hilfreich zur Seite stand. Nicht nur dass sie darauf bestand, mich nicht mit vagen Formulierungen zufriedenzugeben sondern die Dinge beim Namen zu nennen. Auch im weiteren Fortgang dieses Projekts gewährte sie vielfältige Unterstützung.

Julio Lambing, der mein Vorhaben voller Enthusiasmus begleitete. Seine unermüdliche intellektuelle Sorgfalt und sein kulturhistorisches Wissen halfen mir dabei, etliche Fallstricke zu umgehen. Er bewegte mich dazu, viele wichtige Erklärungen und Ergänzungen vorzunehmen und war von unermesslicher Hilfe bei der Überarbeitung der Übersetzung ins Deutsche.

Stefan Steinhäuser, der mich bei den ersten Arbeiten an diesem Buch mit seinen fachlichen Fähigkeiten und seinem Wissen unterstützte und es später einfühlsam und sprachlich nuanciert ins Deutsche übersetzte.

Stephen Davis, dessen außerordentliches Engagement und unzählige Stunden der Arbeit dazu beitrugen, dass dieses Buch Wirklichkeit werden konnte.

Rainer Duhm, der mit Feingefühl, Geduld und Sorgfalt die deutsche Übersetzung lektorierte.

Virginia (Gigi) Coyle für ihre Klarheit in Geist und Herz und ihr Feedback, das mich die kleinen, wichtigen Dinge sehen ließ.

Euch allen gilt mein tiefster Dank.

Einführung

Für viele Menschen ist die Vorstellung, dass die Erde lebt, fühlt und ein Bewusstsein hat, nichts Neues, sondern einfach eine Tatsache. Für andere ein Märchen.

Viele Kulturen, die unserer vorausgingen, waren überzeugt, dass die Erde auf gewisse Art lebt. Aber das gilt auch für zahlreiche Kulturen heute. Man braucht bloß einen indianischen Medizinmann oder einen Häuptling der Aborigines zu fragen; viele von ihnen werden behaupten, dass die Erde nicht bloß lebt, sondern bewusst mit den Menschen interagiert. Das sagen sie nicht nur, weil es Teil des Glaubenssystems ist, in dem sie aufgewachsen sind, sondern aufgrund persönlicher Erfahrungen.

Wenn wir wüssten, dass die Erde, auf der wir gehen, ein lebendiges, fühlendes Wesen ist, würden wir dies mit einer anderen Haltung tun. Wenn wir außerdem wüssten, dass die Erde uns „sehen" kann, dass sie „bei uns" ist und wir mit diesem Wesen kommunizieren können, würden wir ein starkes Gefühl von Fürsorge und Respekt gegenüber der Erde entwickeln. Ein solches Bewusstsein und eine entsprechende kommunikative Handlungsweise hätten eine unmittelbare heilsame Wirkung auf Erde und Mensch.

In den 1970er Jahren führte James Lovelock die „Gaia-Theorie“[1] in die westliche Diskussion ein. Er geht zwar nicht so weit, die Erde als lebendiges, bewusstes Wesen zu bezeichnen, zeigt jedoch, dass sie auf vielerlei Art ein sich selbst regulierendes System ist und sich dabei ähnlich wie ein lebendes System verhält. Lovelock verwahrte sich jedoch davor, der Erde irgendeine Form von Bewusstsein zuzuschreiben: „Wenn ich von einem lebendigen Planeten spreche, soll das keinen animistischen Beiklang haben; ich denke nicht an eine empfindungsfähige Erde [...].“[2] Viele Menschen heutzutage gehen aber genau davon aus. Die moderne Sicht der Dinge scheint sich langsam der Möglichkeit anzunähern, dass die Erde sich auf eine „gewisse Art“ als tatsächlich lebend betrachten lässt.

Einer derjenigen, die den Gedanken ernst genommen haben, dass die Erde nicht nur empfindet und ein Bewusstsein hat, sondern auch fähig und willens ist, mit Menschen zu kommunizieren, ist der Autor John Lamb Lash. Für ihn ist die Behauptung, dass die Erde ein Empfindungsvermögen hat, nichts, was sich entweder durch Glauben akzeptieren oder aufgrund ihrer Unwissenschaftlichkeit ablehnen ließe; er sieht darin eine Aussage, die es zu prüfen gilt: „Unsere Sicht von Gaia wird sich als blinde Spekulation totlaufen, wenn wir es nicht gedanklich zulassen, dass sie mit uns sprachlich kommunizieren kann, ganz wie wir es gewohnt sind. So lange dies nicht möglich ist, werden wir niemals bestätigen können, ob sie auf eine ähnliche Weise wie Tiere oder wie wir Menschen über ein Empfindungsvermögen verfügt.“[3]

1 In der antiken griechischen Mythologie ist Gaia die personifizierte Erde und eine der ersten Göttinnen.

2 Lovelock, James: Gaia – Die Erde ist ein Lebewesen. Anatomie und Physiologie des Organismus Erde. Bern, München, Wien, 1992

3 Lash, John Lamb: Not in His Image: Gnostic Vision, Sacred Ecology and the Future of Belief. White River Junction, 2006, S. 335: eigene Übersetzung

Genau darum geht es in diesem Buch. Es ist ein persönlicher Erfahrungsbericht meiner Unterredungen mit der Erde. Er beschreibt, wie diese zustande kamen und protokolliert eine Reihe von „Unterhaltungen", die ich mit der Erde im Jahr 1996 geführt habe. Dazwischen habe ich jüngeres Material eingefügt sowie meine eigenen Kommentare und Gedanken, zu dem, was ich „empfangen" habe.

Wenn man diese Gespräche für bare Münze nimmt, dann sagt die Erde, dass sie lebt und das Verlangen danach hat, den Kontakt zu uns allen im vollen Bewusstsein aufzunehmen, sowohl auf individueller wie auch auf kollektiver Ebene. Sie geht so weit, den Bau eines Geräts vorzuschlagen, mit der sie in unserer eigenen Sprache mit uns kommunizieren kann. Sie sagt außerdem, dass wir Menschen es bestimmen, ob eine solche Kommunikation zwischen uns und der Erde zustande kommt; nur wenn wir dies für möglich halten und aktiv den Kontakt suchen, wird er stattfinden. Dieses Buch ist demnach so etwas wie das Läuten eines Telefons: Die Erde ruft an und wartet darauf, dass wir den Hörer abnehmen.

Teil I

Wie alles begann

Kapitel 1

Über den Autor

Wer ein Buch über Gespräche mit der Erde in Händen hält, hat meiner Meinung nach ein Recht darauf, etwas über die Person zu erfahren, die solcherart Unterhaltungen geführt hat.

Jedoch haben wir meistens, wenn wir darüber sprechen, wer wir sind, einen engen Horizont und gehen auf vieles nicht ein, was eigentlich einen wichtigen Einfluss auf unser Leben hat. Außerdem lässt der Blick auf das, was wir in unserem Leben tun, oft (wenn auch nicht immer) nur begrenzt Rückschlüsse darauf zu, wer wir wirklich sind. Und schließlich macht das grundlegende Problem, dass wir im Kern nicht wissen, wer wir sind, die Sache noch ein bisschen komplizierter.

Daher möchte ich als erstes einen kurzen Überblick über die Stationen meines Lebens geben. Daran schließt sich eine Beschreibung jener grundsätzlichen Suche an, die mein Leben bisher bestimmt hat – so wie sie sich mir aus heutiger Sicht darstellt.

Eine Kurzbiografie

Ich wurde 1950 als drittes Kind einer alteingesessenen schwedischen Familie geboren. Mein Vater war Richter, der über viele Jahre afrikanische und asiatische Regierungen in Rechtsfragen beriet. Meine Mutter war Lehrerin und Abteilungsleiterin beim Roten Kreuz; später widmete sie ihr Leben dem Kampf gegen die Genitalverstümmelung von Mädchen und Frauen in Afrika und anderen Teilen der Welt.

Meine ersten sechs Lebensjahre verbrachte ich in Schweden. Danach zog unsere Familie für zweieinhalb Jahre nach Kabul in Afghanistan, wo ich auf eine englischsprachige internationale Schule kam. Nach einem weiteren Jahr in Schweden ging es nach Kathmandu in Nepal; dort blieben wir dreieinhalb Jahre. Ich besuchte zunächst eine Jesuitenschule für nepalesische Kinder und dann eine amerikanische Schule.

Wir kehrten wiederum nach Schweden zurück. Nach meinem Abitur studierte ich dann Physik und Geophysik und machte 1975 meinen Abschluss an der Universität von Stockholm. Anderthalb Jahre später verließ ich Schweden, um mich einer radikalen Lebensgemeinschaft in Österreich anzuschließen – woraus ein Aufenthalt von drei Jahren werden sollte.

Nachdem ich die Gemeinschaft verlassen hatte, lebte ich in den folgenden drei Jahren größtenteils in den Vereinigten Staaten. Dort erwarb und vermarktete ich im Auftrag eines deutschen Erfinders Patentrechte zur Säuberung von ölhaltigen Abwässern und ähnliche ökologische Technologien.

Im Anschluss daran übernahm ich eine führende Rolle beim Aufbau eines sozialen Experiments in Deutschland, wobei mich vor allem verschiedene Aspekte der Erforschung des menschlichen Bewusstseins interessierten. Ich wurde dort Leiter einer sogenannten „Freien Universität“ und lud international anerkannte Forscher und Vordenker aus sozialen, naturwissenschaftlichen und spirituellen Disziplinen ein. Insgesamt engagierte ich mich elf Jahre in diesem Projekt.

Im Jahr 1989, als sich mein dortiger Aufenthalt dem Ende entgegen neigte, leitete ich einen international tätigen gemeinnützigen Verein, den ich selbst mitbegründet hatte. Wir organisierten in der ehemaligen Sowjetunion, in kleinem Umfang und exemplarisch, Hilfsprogramme und Technologietransfer mit Schwerpunkt auf Ökologie, Medizin und Stadtverwaltung. Außerdem bemühten wir uns, ein internationales Projekt zum Schutz der Arktis voranzubringen, das vom Städteverbund im nordwestlichen Russland initiiert worden war.

1992 begann ich, mich ausgiebig mit den schamanisch-spirituellen Lehren des *Sweet Medicine Sundance Path* zu befassen, einer Synthese des Wissens der Medizinmänner und -frauen aus Nord-, Mittel- und Südamerika und Australien, die auch moderne naturwissenschaftliche und psychologische Forschungsergebnisse einbezieht. Diese Studien habe ich bis 2010 fortgeführt.

1994 zog ich nach Arizona in den USA, weil ich mich stärker auf diese Studien konzentrieren wollte. Ich arbeitete außerdem intensiv mit „Energy Synthesis“ (ES), einer umfassenden Theorie des mittlerweile verstorbenen Industriedesigners und Künstlers Alfred Wakeman, bei der es um die Fließbewegungen geht, die der Selbstorganisation der Natur zugrunde liegen. Daneben gründete ich einen gemeinnützigen Forschungsverein und rief ein Projekt ins Leben, das weltweit hochauflösende Live-Bilder der gesamten Erde verfügbar machen sollte. Diese sollten von einem bereits gebauten Satelliten aufgenommen werden, der immer noch darauf wartet, ins All geschickt zu werden.

Seit 2002 arbeite ich in Frankfurt am Main weiter daran, die Echtzeitbilder der Erde Wirklichkeit werden zu lassen und unternehme neue ES-Experimente. Für meinen Broterwerb bin ich seit 15 Jahren als Übersetzer vom Deutschen ins Englische tätig und übernehme Aufträge für Firmen und Privatkunden.

1983 traf ich meine geliebte Frau Karin. Wir wurden im folgenden Jahr ein Paar und heirateten 1988. Sie war eine der schärfsten Kritiker meiner Arbeit, aber ermutigte mich immer meinem eigenen ungewöhnlichen Weg zu folgen.

Meine Suche

Meine Kindheit war kosmopolitisch geprägt. Nicht nur, dass wir auf unseren vielen Reisen zu den Arbeitsplätzen unserer Eltern zahlreiche kulturhistorisch interessante Städte und Orte wie Beirut, Jerusalem, Rom, Paris, die Pyramiden in Gizeh, Persepolis im Iran oder den Taj Mahal in Agra besuchten. Da ich sowohl in Asien als auch in Schweden aufwuchs, kam ich auch in meinem Lebensalltag mit verschiedenen Kulturen und Glaubenssystemen in Berührung. Zudem erkannte ich schon als junger Mensch, dass die westliche Kultur, in die ich hineingeboren wurde, mit ihren Annahmen und ihrer Weltsicht nur eine von vielen ist und dass deren Glaubenssätze nicht in Stein gemeißelt sind. Darüber hinaus wurde mir klar, dass unsere westliche Weltsicht, die so rational und zwingend richtig erscheint, nur eine Momentaufnahme dessen ist, was derzeit als angemessene Deutung unserer selbst und der Funktionsweise der Welt um uns herum gilt. Was in einer Generation als „wahr" gilt, wird von der Folgegeneration durch völlig andere, teils gegenläufige „Wahrheiten" ersetzt.

Betrachten wir beispielsweise die physikalische Welt, die uns umgibt. Die „objektiven" Theorien der Welt, denen ich in meinem Studium der Physik und allgemeinen Naturwissenschaften begegnet bin, genügten mir nicht, um unsere Welt in dem Maße, wie ich es mir wünschte, zu begreifen. Die Welt darin schien nichts mit mir, meinem oder dem Leben anderer zu tun zu haben. In der Welt dieser Theorien sind wir alle von toter Materie umgeben, die sich von uns formen lässt, aber für alle Ewigkeit tot bleiben wird.

Gemäß dieser Weltauffassung sind wir weit und breit die einzigen lebendigen, bewussten Wesen – wenn man von den Tieren absieht, die bloß primitive Versionen unser selbst sind und von denen wir keinerlei intelligente Äußerungen zu erwarten haben. Wir scheinen in einer Welt eingekapselt zu sein, die sich uns gegenüber gleichgültig verhält; nur andere Menschen teilen unser Schicksal. Wir sind für immer vom Rest des Universums getrennt, zumindest bis uns Außerirdische besuchen kommen oder wir sie irgendwo auftreiben können. (Aber das wird wohl noch ein paar Jahrhunderte dauern. Und wenn es so weit kommt, können wir nicht sicher sein, dass sie uns nicht alle umbringen und unsere Bankkonten plündern.)

Mein Studium der Physik drehte sich um die Eigenschaften der materiellen Welt um uns herum, um das Wesen der Materie, aus der unsere Körper ja selbst bestehen, und schließlich um das Wesen des Atoms. Doch worin bestand die am tiefsten gehende Erkenntnis über das, was die Materie ausmacht, welche die Naturwissenschaft gefunden, ja sogar bewiesen hatte? Sie bestand darin, dass Materie sich aus Atomen zusammensetzt, die sich aus Protonen, Neutronen und Elektronen zusammensetzen, die sich aus Quarks und Leptonen zusammensetzen, welche von Bosonen zusammengehalten werden … Alles schön und gut, doch was genau war all das? Die Antworten, die ich bekam, waren stets abstrakte Aussagen, zum Beispiel: Dies alles seien „Wahrscheinlichkeitsfunktionen“. In Ordnung – aber das beschrieb nur die Wahrscheinlichkeit, einen Partikel irgendwo anzutreffen, sagte aber nichts über die Materie an sich aus.

Als ich auf halber Strecke des Studiums von der theoretischen zur Geophysik wechselte, fühlte es sich an, als sei mir eine Zentnerlast von den Schultern genommen. Nun ging es um die Erde mit ihren Wolken und Blitzen, Erdbeben und Tsunamis, Gesteinsformationen und Mineralien, Flüssen und Ozeanen, Dschungeln, Wüsten und Sümpfen, ihrer Plattentektonik und den Lavaströmen in ihren Eingeweiden. Auch wenn das, was ich lernte, reine Naturwissenschaft war, erwachte die Erde für mich zum Leben.

Doch meine Suche hatte erst begonnen. Ich hatte Fragen über Fragen. Wer sind wir? Wer bin ich? Man sagte mir, ich sei ein menschliches Individuum, mehr nicht. Ich würde geboren, leben und schließlich sterben. Das war's. Doch was war mit der Menschheit? Offensichtlich war ich Teil der Menschheit, einer Menschheit, die in gewisser Weise wie ein Gesamtwesen existierte, eine Spezies, die sich zwar entwickelte, aber trotzdem über kein eigenes Bewusstsein verfügte. Und doch war es dieser Menschheit gelungen, sich allen Widrigkeiten zum Trotz auf diesem Planeten durchzusetzen. War das alles in Wirklichkeit nur das Zusammenwirken unbewusster biologischer Programme, die die Evolution jedem einzelnen Individuum eingeschrieben hat? Die unfassbare Weite des Universums und die unglaubliche Winzigkeit von Viren, Atomen, Protonen, Quarks und Gluonen waren eigentlich nur das i-Tüpfelchen, das meine Unwissenheit vervollständigte.

Hinzu kamen all die Fragen spiritueller Art. Wiederum: Wer sind wir? Haben wir eine Seele? Werden wir wiedergeboren?

Gibt es Götter oder Göttinnen? Sind die Berge von Geistern belebt? Kann ein Fluss heilig sein? War Mohammed der Prophet Gottes? Wie sollte ich das wissen?

Dann war da das Christentum, das sich für Liebe, Vergebung, Hoffnung und Erlösung einsetzte. Aber so schön dies alles war – die Anhänger der christlichen Religion schienen im Lauf der Geschichte die entsprechenden Abschnitte in der Bibel immer überlesen zu haben.

Dann gab es auch noch meinen Vater, ein eingefleischter Atheist, der seine Haltung gegenüber dem Christentum in einer einzigen Äußerung auf den Punkt brachte: „Hast Du das gehört? ‚Am Anfang war das Wort?' Ich habe noch nie etwas Dümmeres gehört."

Ich glaube, dass die meisten Menschen, vor allem in ihrer Jugend, eine Phase in ihrem Leben haben, in der sie ernsthaft zu verstehen versuchen, wer sie sind und was in der Welt vor sich geht. Für mich aber waren diese Fragen weiter offen – mancher würde wohl sagen, ein bisschen länger, als mir guttat.

Doch andere Dinge begannen mich zu beunruhigen. Als ich im Lauf der Jahre erwachsen wurde, wurde mir immer klarer, dass meine Gefühlslage und mein Wohlergehen weitgehend von meinen eigenen emotionalen Mustern und Prägungen abhingen, und mir schien, dass diese sich meiner Kontrolle zum größten Teil entzogen. Wirklich keine schöne Sache – vor allem, da ich ziemlich deprimiert war und keine Ahnung hatte, was ich mit meinem Leben anfangen sollte. Wenn ich mich umsah, stellte ich zwar fest, dass die Menschen um mich herum nicht viel anders waren als ich, aber das war nur ein schwacher Trost. Sie schienen sich mit den gängigen Erklärungen, wer wir sind und worin der Sinn von allem liegt, abgefunden zu haben oder waren zumindest weniger daran interessiert. Sie machten sich daran, ihren Platz in der Gesellschaft zu finden. Aus irgendeinem Grund konnte ich das nicht.

Was sollte ich also tun? Ich wusste, dass ich etwas Drastisches unternehmen musste, um die Mischung aus Rastlosigkeit und Depression loszuwerden, die mich wie einen volltourigen Motor bei angezogener Bremse festhielt. Dies zu ändern war eine Vorbedingung für alle weiteren Vorhaben.

Nach Abschluss meines Studiums und ein bis zwei Jahren Arbeitstätigkeit beschloss ich, mich einer radikalen Lebensgemeinschaft in Österreich anzuschließen. Diese Gruppe hatte keine New-Age-Ausrichtung. Man war eher darauf aus, mit den Werten der alten „Kleinfamilie" aufzuräumen. Die darauf aufbauende Gesellschaft sollte überwunden werden. Und so war man auf der Suche nach einem lebendigeren, aktionistischeren und mehr künstlerischen Lebensstil – was Gemeinschaftseigentum, „freie Sexualität" und spontanes Ausdruckstheater einschloss. Ich erlebte drei für mich äußerst turbulente Jahre, in denen ich auch durch die gemeinschaftseigene Variante einer Therapie nach Wilhelm Reich und intensive emotionale Auseinandersetzungen ging, um meine Gefühlswelt zu entrümpeln. Nachdem ich die Gemeinschaft verlassen hatte, spürte ich, dass anstelle meiner bisherigen chronischen inneren Zerrissenheit sich ein Gefühl großer Freiheit einstellte.

Ich nahm zudem den Eindruck mit, dass Versuche, soziale Strukturen aufzubauen, in denen das gemeinschaftliche Leben betont wird, wichtig sind: Jeder tragfähige Zukunftsentwurf muss Wege finden, um jene grundlegenden menschlichen Bedürfnisse zu befriedigen, die durch die gesamte Geschichte hinweg von Stämmen, Sippen und Großfamilien erfüllt worden waren, in der westlichen Gesellschaft (und zunehmend auch im Rest der Welt) aber auf schmerzhafte Weise unbefriedigt bleiben. Auf der anderen Seite besteht in Kollektiven oft das Risiko, dass die individuelle Autonomie und das freie Denken auf der Strecke bleiben. Genau dies war der Fall in jener Gemeinschaft. Unterm Strich betrachtet hatte mein Aufenthalt dort sowohl ausgesprochen helle als auch dunkle Seiten.

Allzu leicht lässt man die wahren Gründe für das, was uns antreibt und uns neue Wege im Leben betreten lässt, ungenannt. Ich sollte deshalb ergänzen, dass zwei der weitreichendsten Umbrüche in meinem Leben damit zu tun hatten, dass ich mich verliebte. Das erste Mal geschah dies mitten in dem für mich so wenig inspirierenden Physikstudium steckte. Es kam völlig unerwartet; innerhalb von fünf Minuten – am 3. Mai 1973, um ein Uhr nachts – verliebte ich mich, und mein Leben änderte sich. Am nächsten Tag beschloss ich, das Studium hinzuschmeißen und fing an, Gedichte zu schreiben und Kurzfilme zu machen, trank Gin und schwamm wie auf Wattewölkchen durch die Gegend.

Etwas ähnliches erlebte ich in der österreichischen Kommune. Ich hatte dort eine „Analystin" gewählt, die ich wirklich mochte. Irgendwann kam man auf die Idee, dass eine Verliebtheit der „Patienten" in ihre Analysten die eigene „Heilung" beschleunigen könnte. Das war nun keine schwere Aufgabe für mich und ich kam aus meiner Verkapselung heraus. Wieder lief ich auf Wolken. Beide Hochphasen hielten zwar nicht länger als ein paar Monate an, aber sie gaben meinem Leben jeweils eine neue Richtung.

Da ich nach dem Weggang aus der Gemeinschaft frei war, meine Interessen zu verfolgen, verbrachte ich einige Jahre mit ausgedehnten Reisen, traf Hellseher und Heiler, Menschen, die Erdbeben vorhersagten und andere, die auf unorthodoxe Weise die belebte und unbelebte Welt erforschten. Ich befasste mich intensiv mit den Naturforschungen von Nikola Tesla, Viktor

Schauberger und Rupert Sheldrake. In dieser Zeit begegnete ich auch zum ersten Mal Alfred Wakeman, dem Industriedesigner und Künstler, der die Theorie der "Energy Synthesis" entwickelte. Um Geld zu verdienen, erwarb und vermarktete ich für einen deutschen Erfinder Patente für Öko-Technologien in den USA.

In den Jahren, die ich dann bei jenem experimentellen Gemeinschaftsprojekt verbrachte, das in Deutschland ansässig war, widmete ich mich verschiedenen Aspekten der Erforschung des menschlichen Bewusstseins. Ich hatte eher zufällig meine Fähigkeit entdeckt, andere Menschen in Hypnose versetzen zu können, so dass sie sich an etwas erinnerten, das wie ein oder sogar mehrere „frühere Leben" erschien. Neugierig und zugleich skeptisch wie ich war, unternahm ich ausgedehnte Reisen, um herauszufinden, ob die Beschreibungen dieser früheren Leben mit den realen historischen Gegebenheiten übereinstimmten.

In etlichen Fällen deckten sich die detaillierten Aufzeichnungen aus den Sitzungen mit dem, was ich durch meine Recherchen ermittelte, in einem Maß, das weit über das hinausging, was zufällig richtig sein konnte oder sich vorher hätte herausfinden lassen. Ich sah dies dennoch nicht als eindeutigen Beweis für die Existenz „früherer Leben" an, da es verschiedene andere orthodoxe und unorthodoxe Erklärungsmöglichkeiten dafür gab, wie man an diese Informationen gelangt sein konnte.

Schließlich kam ich zu der Überzeugung: Ja, aller Wahrscheinlichkeit nach haben wir (oder vielleicht nur einige von uns?) vor diesem Leben schon andere Leben erfahren. Doch von welchem „Wir" ist hier die Rede? Ich glaube, dass dies nicht das alltägliche „Wir" ist. Vielmehr ist es ein Teil von uns, den das Alltagsverständnis unserer selbst selten einschließt, und auf dessen Erinnerung wir nur unter außergewöhnlichen Umständen

Zugriff haben – etwa nach langer Übung, in Trancezuständen oder im Rahmen ausgefeilter Zeremonien.

Aufgrund meiner Erfahrungen bin ich außerdem davon überzeugt, dass ein Großteil der Berichte sogenannter „vergangener Leben“ einfach Erfindungen unseres Unterbewusstseins sind.

Bei der Durchführung von mehr als einhundert solcher sogenannten „Reinkarnationshypnosen“, viele davon in dem Projekt in Deutschland, kamen auch einige faszinierende Wechselbeziehungen von Menschen ans Licht. Wenn man die Schilderungen als Tatsachenberichte auffasst, deuten diese Beziehungen darauf hin, dass wir oft mit denselben Menschen in verschiedenen Leben Zeit verbringen. Es scheint als ob uns nicht selten gemeinsame Themen verbinden, mit denen wir uns in unterschiedlichen Leben beschäftigen, und dass Gruppen von Menschen auf irgendeine Weise „entscheiden“, sich an mehreren Punkten der Geschichte zu begegnen, um dies fortzusetzen.

Ich hatte zwar viel über das Thema gelesen, aber dass ich solche lebensgeschichtlichen Zusammenhänge selbst Stück für Stück freilegte, machte sie besonders eindringlich. So lieferten mir beispielsweise ein Mann und eine Frau detailreiche Beschreibungen einer Liebesgeschichte, die sie in Karthago vor über zweitausend Jahren miteinander verband. Faszinierend war, dass beide Versionen sich wechselseitig bestätigten und passgenau ergänzten – ohne dass die beiden Erzähler überhaupt wussten, was die jeweils andere Person gesagt hatte, da ich die Trancesitzungen unmittelbar nacheinander und ohne die Anwesenheit der anderen Person abhielt.

Meine ausführliche Beschäftigung mit diesem Themenkomplex half sowohl mir als auch allen anderen Beteiligten, neue Antworten auf die Frage zu finden, wer wir sind. Die Erfahrungen erweiterten dauerhaft unser Selbstverständnis. (Allerdings schienen sie nicht erforderlich, ja nicht einmal besonders nützlich zu sein, um damit Probleme des Alltags anzugehen.)

Meine Weltsicht erweiterte sich auch in anderen Bereichen. Ein markantes Erlebnis hatte damit zu tun, einen „Geist", der sich im Keller des Hauses eingenistet hatte, in dem wir wohnten, auf seinen Weg zu schicken. Über mehrere Monate hatte ein zweijähriges Kind aus der Gemeinschaft behauptet, dass es im Keller einen Mann in einem schwarzen Mantel sehe, der „die Pferde schlägt". Es war zutiefst verängstigt. Eines Tages entschied ich mich, diesen Berichten nachzugehen. Ich hatte kurz vorher ein Buch[4] über solche Phänomene gelesen. Also nahm ich das Kind auf den Arm und ging mit ihm in den Keller hinab. Als ich mich der Ecke näherte, in der der Mann dem Kind zufolge stand, traf etwas meine Brust und fiel zu Boden. Es stellte sich als ein Knopf aus Glas heraus. Ich habe bis heute keine Ahnung, wo er herkam. Ich schreckte zurück, schickte das Kind nach oben und stellte mich dem Geist. Ich folgte den detaillierten Beschreibungen des Buches, wie spezialisierte Experten in solchen Situationen vorgingen. Entsprechend teilte ich dem Wesen mit, dass es tot sei. Ich sprach mit lauter Stimme auf Deutsch, und hörte umgehend ein lautes Klopfgeräusch von den Kellerrohren. Mir stellten sich die Nackenhaare auf. Das schien eine positive Antwort zu sein. Ich fuhr fort und sagte, dass ich ihm helfen könne, „als Seele weiterzugehen", statt weiterhin in dem Keller herumzulungern. Wieder krachten die Rohre, was ich als Zustimmung deutete. Frage und Antwort gingen einige Male hin und her mit verblüffend zeitlich präzisen Klopfgeräuschen. Schließlich rief ich im Geiste Wesen an, die ihm helfen sollten, seinen Weg in ein anderes Reich zu finden. In meiner Vorstellung brachte ich die beiden Seiten dann

4 Vergleiche Fuller, John G.: The Ghost of Flight 401. Berkley 1983

zusammen und schickte sie gemeinsam von dannen – wohin auch immer. Die Klopfgeräusche hörten auf. Später erzählte mir das Kind, der „Mann" sei weg und niemals zurückgekehrt. Wenige Monate darauf erfuhren wir, dass der Keller der älteste Teil des Gebäudes war, der vor einigen Jahrhunderten gebaut und als Pferdestall genutzt worden war.

Mein Hauptinteresse galt aber dem Bild einer belebten Welt, von der wir, meinem Gefühl nach, abgeschnitten waren. Im Rahmen der „Freien Universität" lud ich die interessantesten Leute, die ich finden konnte, in die Gemeinschaft ein. Sie berichteten in Vorlesungen und Workshops über ihre Arbeit und vermittelten ihre Forschungsergebnisse und Erkenntnisse auch mittels gemeinsamer Experimente.

Ein solcher Gast war Peter Caddy, der Gründer der spirituellen Gemeinschaft von Findhorn in Schottland. Diese war dadurch bekannt geworden, dass sie durch den Kontakt mit „Devas" oder Pflanzengeistern Informationen erhielten, die sie in die Lage versetzten, außergewöhnlich großes Gemüse im schottischen Sand anzubauen. Selbst die BBC brachte eine sechsteilige Fernsehserie über die Gemeinschaft und ihre Anbaumethoden.

Dann gab es Cleve Backster, der bei der CIA Experten für Lügendetektoren ausgebildet hatte. Darüber hinaus hatte er aber entdeckt, dass Pflanzen auf menschliche Gedanken und Gefühle reagieren. Seine Arbeit, die äußerst umstritten war (und nach wie vor ist), zeigte außerdem, dass Zellen, die man dem menschlichen Körper entnimmt und räumlich weit entfernt von ihrem Spender am Leben erhält, mit den anderen Zellen dieser Person weiterhin synchron reagieren.

Auf der Besucherliste stand außerdem Jim Nollman, dessen Arbeit über artenübergreifende Kommunikation[5] bis heute einen

5 Siehe im Internet www.interspecies.com.

großen Beitrag zum Verständnis geliefert hat, wie Delphine, Orcas und Wale miteinander kommunizieren – und wie wir unsererseits mit ihnen kommunizieren und umgehen können; unter anderem, indem wir Musik als Medium einsetzen. Ein solch teilnehmender Forschungsansatz hilft meines Erachtens immens dabei, die Wissenschaft zum Teil des Lebens selbst und damit relevant für uns alle zu machen.

Der Biologe Rupert Sheldrake war ebenfalls zu Gast. Sheldrake erregte durch seine umstrittene Theorie der morphogenetischen Felder und seine Forschung, wie Haustiere und ihre Halter auf nicht-physische Weise kommunizieren, weltweit einiges Aufsehen. Ich wurde auf ihn aufmerksam, kurz nachdem er sein erstes Buch veröffentlicht hatte. Er bestärkte mich in meiner Überzeugung, dass wir in einer belebten und kommunizierenden Welt leben. Seine Arbeit lieferte mir plausible Hinweise, dass es in der belebten Welt eine Art Kommunikationsnetz gibt, das nur darauf „wartet", dass wir unseren Platz in ihm finden.

So verfolgte ich jene Entwicklungen, die mir einen Blick auf eine Welt verschafften, die durch Ganzheit und nicht durch Trennung bestimmt war, durch dynamische Vorgänge statt statischer Existenz, Interaktion statt Aktion/Reaktion, Emergenz statt Kausalität sowie Selbstorganisation im Gegensatz zu Hierarchie und Kontrolle. Der wissenschaftliche Mainstream hatte hier große Fortschritte gemacht. Das Konzept der impliziten Ordnung des Quantenphysikers David Bohm, Ilya Prigogines Erkenntnisse zur Selbstorganisation von Systemen und die außerordentliche Behauptung der Quantenphysik, dass jede Beobachtung das beobachtete System beeinflusst, unabhängig davon, welche spezifische Beobachtungsmethode man einsetzt – all das öffnete meine Augen für einen neuen Blick auf die Wirklichkeit.

Zusammengenommen festigten diese Denkansätze und Erkenntnisse auf vielfältige Weise meine Überzeugung, dass die „tote" Welt im Hinblick auf ein Bewusstsein und Kommunikationsvermögen alles andere als tot ist. Genauso wenig ist sie, meiner Meinung nach, „tot" gegenüber unseren Gedanken, Gefühlen und Handlungen. Was tot zu sein scheint, sind wir selbst, tot gegenüber unseren Sinnen und den Signalen, die unsere eigenen Körper, Geister und Seelen – genau wie die der anderen, ja die der gesamten belebten Welt – uns fortwährend senden.

In meiner Suche nach Antworten machte ich immer neue Erfahrungen. Ich nahm an sogenannten „Spoon-bending-Parties" teil, die von einem Colonel der U.S. Army veranstaltet wurden. Diese geselligen Zusammenkünfte sollten Interessierten zeigen dass wir alle ungewöhnliche Fähigkeiten haben, die wir entwickeln können. Dort gehörten Vierjährige zu den ersten, die fröhlich lange Löffel und Gabeln aus hartem Edelstahl verbogen, als wären sie Spaghetti. Der Schock, etwas so völlig Unmögliches selbst zu sehen, ließ mich meinen Unglauben vergessen: Nachdem ich mich auf Anweisung der Organisatoren eine halbe Stunde lang bemüht hatte, meinen Löffel „mit Energie aufzuladen", drückte ich ihn sanft. Er fühlte sich plötzlich wie Knetgummi zwischen meinen Fingern an und rollte sich ein.

Ich lud Dr. Willard Fuller[6], einen spirituellen Heiler aus den USA, der sich auf Zähne spezialisiert hatte, zu einer öffentlichen Demonstrationsveranstaltung in die Schweiz ein. Dabei ließ er mich direkt über seine Schulter gucken, während er seine Arbeit tat. Just vor meinen Augen sah ich, wie sich mehrmals Amalgamfüllungen langsam in etwas verwandelten, das wie Gold aussah. Ob es sich wirklich um Gold handelte, konnte ich nicht überprüfen.

6 Siehe im Internet www.willardfuller.com/fills.html.

Ich erlebte aber auch, wie mächtig der *Unglaube* sein kann und wie die Angst vor dem Unbekannten die Realität unmittelbar beeinflussen kann. So saß ich einmal mit einem Freund in einer Wohnung bei Monte Carlo und wir überlegten gemeinsam, ob wir im Casino unser Glück beim Spiel versuchen sollten. Wir befragten dafür ein Ouija[7]-Brett. Als wir unsere Fragen an das Brett stellten, erhielten wir die Aufforderung „Finde Geld". Da wir in dem Apartment zu Besuch waren, wäre es unredlich gewesen dort nach Geld zu wühlen. Also fragte ich im Scherz, ob ich das Geld in meinem Geldbeutel finden könne. Wir erhielten ein eindeutiges „Ja" als Antwort. Ich nahm die Antwort ernst und holte meinen Geldbeutel hervor. Wir wussten beide, dass darin genau dreihundert Francs waren, die wir vorher am gleichen Tag an der Grenze eingetauscht hatten. Ich zählte zusammen mit meinem Freund das Geld, fand zuerst einen Einhundert-Franc-Schein, dann einen zweiten. Das dritte war jedoch ein Fünfhundert-Franc-Schein. Mir schoss durch den Kopf: „Das ist völlig unmöglich." Ich schaute hoch zu meinem Freund. Unsere Augen trafen sich und mir wurde klar, dass er genau dasselbe gesehen hatte, wie er mir auch später bestätigte. Mir wurde fast schwindelig, und als ich wieder auf das Geld in meiner Hand hinabblickte, sah ich wie die Zahl 500 langsam verblasste und zu einer 100 wurde. Ich wusste noch in diesem Moment, dass es Angst gewesen war, die uns in eine Wirklichkeit zurückgeworfen hatte, in der es solche Wunder nicht geben darf.

Ich hatte eine große Bandbreite an Literatur über spirituelle Themen, Parapsychologie und Ähnliches gelesen (deren

7 Ein Ouija-Brett dient einer Gruppe dazu, mit nicht-körperlichen Wesen jeglicher Art zu kommunizieren. Es handelt sich um ein flaches Brett, das mit den Ziffern, dem Alphabet und den Wörtern »Ja« und »Nein« markiert ist. Auf ihm steht ein sogenanntes »Planchette«, eine Art beweglicher Zeiger. Die Menschen, die das Brett nutzen, legen ihre Finger darauf. Anhand von Fragen bewegt sich dieser dann über das Brett, um Mitteilungen zu formulieren.

Qualität höchst unterschiedlich war, um es vorsichtig zu formulieren). Damit verstärkte sich aber auch der Wunsch in mir, so gut es ging für mich selbst herauszufinden, was ich glauben und welchen Annahmen ich zumindest vorläufig folgen sollte.

Dies war ein schmaler Grat: Neben wenigen für mich überzeugenden Hinweisen und wertvollen Informationen, die ich in Berichten und theoretischen Arbeiten fand, stieß ich auf eine unglaubliche Menge unplausibler Verallgemeinerungen, Deutungen, Übertreibungen, unhinterfragter Gerüchte und derlei mehr. Nicht selten ging ihre Verbreitung mit dem Ausnutzen der Gutgläubigkeit der Menschen Hand in Hand und schien durch die Gier nach Geld und Anerkennung motiviert zu sein. Oft war es aber nur authentischer Ausdruck eines großen Mangels an kritischem Denken und eines fast suchtartigen Verlangens nach sensationellen Entdeckungen und Behauptungen. In diesen Fällen waren die Autoren voll von ihren Behauptungen überzeugt. Dem entsprach die nicht minder unglaubliche Bereitschaft vieler Menschen, solchen Behauptungen blind zu trauen. Beide Seiten schienen sich gefunden zu haben.

Auf der anderen Seite waren die „ungläubigen Thomasse“, die ihr Selbstbild aus der strikten Weigerung bezogen, ihre Glaubenssätze, vor allem die grundlegenden, in Frage zu stellen. Statt dessen wiesen sie alles von sich, was den Status quo ihrer Weltsicht in Gefahr bringen konnte. Allerdings hatten auch sie, wie ich immer wieder in persönlichen Gesprächen erfuhr, fast ausnahmslos irgendwann eigene Erfahrungen gemacht, die jeder „normalen“ Erklärung trotzten.

Doch die Reaktion im Mainstream der Gesellschaft war Gleichgültigkeit. Phänomene, die nicht in die vorherrschenden Glaubenssysteme passen, werden in der Regel einfach ignoriert.

„Gesunde Skepsis" war schwer zu finden. Die ursprüngliche Bedeutung des griechischen „skeptikos" war „Fragender" oder „Untersucher" – jemand, der unzufrieden war und weiter nach der Wahrheit suchte. Dies verlangt eine ausgewogene Mischung von Gelassenheit, Offenheit gegenüber dem Unbekannten und der Bereitschaft, unsere Grundannahmen in Frage zu stellen, einschließlich der Annahmen über uns selbst.

Alles in allem glaube ich, dass wir an der Grenze stehen, unser wissenschaftliches Paradigma auf bahnbrechende Weise zu erweitern. Wir werden die Ebenen der Empfindung, des Bewusstseins, der Gedanken und Gefühle als genauso real anerkennen wie die Welt der Materie. Letztlich geht es darum zu erkennen, dass beide aus demselben „Stoff" bestehen und dass sie aufs Engste miteinander interagieren.

Ein weiteres Thema, das mein Leben durchzog, war die Erde selbst. Seit meiner Kindheit, die ich in verschiedenen Ländern verbracht hatte, war mein Blick auf das Leben global geprägt. Ich hatte immer eine genaue bildliche Vorstellung, an welcher Stelle des Erdballs ich mich gerade befand. Als ich später als Erwachsener eingeladen wurde, ein Projekt als Beitrag zum Schutz der Arktis zu organisieren, wurde mir die Wichtigkeit, Einmaligkeit und Zerbrechlichkeit dieser Erdregion bewusst.

Zudem wurde mein Gefühl immer stärker, dass die Erde wesentlich lebendiger ist, als wir ihr gemeinhin zugestehen. Sie scheint dabei nicht so sehr auf das, was wir ihr physisch zufügen, zu reagieren, sondern noch mehr auf die Absicht hinter unseren Handlungen. Dies erinnert an die Schlussfolgerungen von Cleve Backsters Arbeit mit Pflanzen: Dass sie auf menschliche Emotionen und Absichten reagieren und weniger darauf, was ihnen angetan wird. Uns geht es übrigens ähnlich; so reagieren wir sehr unterschiedlich, wenn jemand uns auf der Straße versehentlich oder mit voller Absicht anrempelt.

Zuletzt muss ich für meinen Erkenntnisweg auch noch meine vielen Jahre auf dem *Sweet Medicine Sundance Path* erwähnen. Dort erhielt ich Einblicke aus erster Hand, wie wir von innen heraus mit den Energien und Wesen der belebten Welt interagieren können. Die Lehren und Zeremonien dieses Weges sind dazu gedacht, inneres Wissen durch unmittelbare Erfahrung zu wecken. Sie halfen mir auf vielerlei Weise dabei, mich mit einer Welt wiederzuverbinden, in der nicht nur Tiere und Pflanzen für mich lebendig wurden, sondern auch Steine, Landschaften, Planeten und Sterne. Unzählige Erfahrungen zeigten mir hier, dass unser normaler Blick auf die Realität nur einen kleinen Teil dessen wiedergibt, was das volle Spektrum der Welt eigentlich ausmacht. Und ebenso lehrten sie mich, dass wir alle so viel mehr sind, als man uns glauben macht.

Doch auch wenn ich im Rückblick alle diese Erfahrungen aufzähle und ihre Lektionen für mein Leben schildere – nichts davon hatte darauf hingedeutet, dass ich dereinst nahezu täglich mit dem gesamten Planeten sprechen würde.

Ich bin mir durchaus darüber im Klaren, dass eine große Zahl von Menschen jeden Tag im bewussten Kontakt zu unserer lebenden „Mutter Erde“ steht, und das seit Jahrtausenden. Meine Erfahrungen sind daher nicht so ungewöhnlich. Doch auf der einen Seite habe ich der Erde versprochen, das, was ich während meiner Unterredungen erhalten habe, zu veröffentlichen. Auf der anderen Seite habe ich einfach das Bedürfnis, meine Erfahrungen mitzuteilen – aus dem Gefühl der Begeisterung und Ehrfurcht für das, was für mich real und staunenswert ist. Ich glaube zudem, dass es nur eine Frage der Zeit ist, bis die Tatsache, dass die Erde ein Bewusstsein hat und empfindungsfähig ist, vom Mainstream der Gesellschaft akzeptiert sein wird. Dies wird zu einem Wandel unseres Verständnisses nicht nur der Erde und des Universums beitragen, sondern auch des Verständnisses, wer wir selbst sind, als Menschen.

Kapitel 2

Über meine Kommunikation mit der Erde

Hinauf auf den Berg

Es war ein heißer Mittwochnachmittag am 18. September 1996. Ich schwitzte ordentlich auf meinem Weg hinauf zu einem der Gipfel in dem kleinen Gebirgszug, der innerhalb des Stadtgebiets von Phoenix, Arizona, liegt. Ich war der Bergspitze schon recht nah, als ich andere Menschen sah, von denen mir einer zuwinkte. Weil ich für das, was ich vorhatte, allein sein musste, suchte ich nach einer anderen Stelle und bog auf einen Pfad nach links ab. Ich sah, wie ein großer Vogel um einen der anderen kleinen Gipfel kreiste, und beschloss, dorthin zu gehen. Als ich die Spitze erreichte, mich setzte und auf die Stadt Phoenix vor mir hinunterschaute, war ich voller Zweifel. Was tat ich hier überhaupt?

Ich war auf den Berg gestiegen, um eine Bitte zu erfüllen, die ich eine Woche vorher in einem tranceartigen Zustand während einer Zeremonie erhalten hatte. Sie war Bestandteil meines schamanisch-spirituellen Trainings, das ich seit 1992 betrieben hatte. Das Ziel dieser Zeremonie bestand darin, mich an eines meiner „Vorleben“ zu „erinnern“; es sollte meine dritte Zeremonie dieser Art werden.

Wie ich bereits erwähnt habe, hatte ich viele Jahre zuvor ausgiebig die Berichte mehrerer „Reinkarnationstrancen“ untersucht, die ich mithilfe von Hypnosetechniken angeleitet hatte. Ich bezweifelte, ob wir jemals werden „beweisen“ können, dass wir schon zuvor gelebt haben. Aber ich war entschlossen, dem Thema gegenüber offen zu bleiben und bereit, der Sache auch für mich persönlich nachzugehen.

Während der Zeremonie, zu der eine Art geführte Trance gehörte, fand ich mich an einem Ort wieder, der mich stark daran zweifeln ließ (und immer noch lässt), ob ich es wirklich mit Bildern aus einem Vorleben zu tun hatte. Ich wusste, dass ich mich auf einer Art Raumschiff befand. „Das ist kein früheres Leben, und Raumschiffe sind nicht mein Ding“, schoss es mir durch den Kopf. Doch wenn ich schon mal da war, wollte ich mich dort auch umsehen. Ich befand mich in einem Korridor; von dort trat ich in einen großen Seitenraum, der davon abging. Der Raum war schwach beleuchtet, aber von einem Fenster am anderen Ende des Raumes schien Licht herein. Ich näherte mich dem Fenster, und als ich hinausschaute, bot sich mir ein majestätischer Anblick: die Erde, wie sie sich in ihrer prachtvollen Vielfarbigkeit von der Dunkelheit der Leere abhob.

Es war ein faszinierendes Bild, und während ich es auf mich wirken ließ, hörte ich, wie eine Stimme in meinem Kopf sprach: „Nun, da wir durch diese aufwändige Zeremonie Kontakt miteinander aufgenommen haben, ist der Kommunikationskanal zwischen uns zellulär in Deinem Körper verankert.“ Für mich war es klar, dass die Erde selbst mit mir sprach.

Sie fuhr fort: „Ich wünsche mir, dass wir dieses Gespräch fortsetzen. Ich möchte, dass Du auf einen Berg hier in der Gegend steigst und mit mir redest, ganz ohne jede Zeremonie." Und das war es auch schon. Ich war ziemlich verblüfft, denn in den vorherigen Zeremonien war ich immer nur passiver Zuschauer gewesen, der versucht hatte, Informationen über mögliche frühere Leben herauszufinden.

Es dauerte eine Woche, bis ich mich entschließen konnte, an das Erlebnis in der Zeremonie anzuknüpfen, und der Bitte der Erde nachzukommen. Ich hatte jedoch große Bedenken, ob irgendwas dabei herauskommen würde. Aber da saß ich nun, oben auf dem Berg, nassgeschwitzt, mit einem Notizblock und Stift in der Hand, und kam mir ein wenig albern vor.

Ich erinnerte mich daran, dass ich offen bleiben wollte, schloss meine Augen und kehrte im Geist zu dem wunderschönen Bild der Erde zurück, das ich in der Zeremonie gesehen hatte. Und plötzlich, da war sie wieder, die Stimme: „Dies ist ein Kraftort. Du wurdest hergeführt", waren die ersten Worte, die ich empfing. Wenige Augenblicke später: „Ich werde Dir etwas beibringen über die Beziehung zwischen Euch und mir. Ich möchte, dass Du zwei bis drei Mal der Woche hierherkommst, so dass wir weiter miteinander reden können. Dies ist ein Programm, das zwei bis drei Monate dauern wird. Dann werden wir fertig sein. Es ist Teil unserer Übereinkunft, und ich bin froh, dass es jetzt geschieht."

Auf diese Weise begann eine Serie von Unterredungen, die meine Beziehung zur Erde und zu unserem Leben auf ihr verändern sollte. Während der dritten Sitzung bat sie mich, meine Geschichte darüber zu veröffentlichen. Ich versprach es und mit diesem Buch erfülle ich nun endlich mein Versprechen. Es brauchte eine Zeit, bis ich der Bitte nachkam, auf einen Berg zu steigen und mit der Erde zu sprechen, und noch viel mehr Zeit, bis ich bereit war, diese Geschichte zu veröffentlichen.

Warum erst jetzt diese Veröffentlichung?

Es gab verschiedene Gründe, warum ich 15 Jahre gezögert habe, die Ergebnisse meiner Gespräche mit der Erde zu veröffentlichen. Kurz gesagt: Ich war bis zum jetzigen Zeitpunkt einfach nicht dazu bereit.

Während diese Gespräche liefen, hatte ich keine Zweifel, dass ich wirklich im Kontakt mit der Erde stand. Die Aussagen, die ich erhielt, waren für mich so echt und überraschten mich häufig derart, dass es mir unmöglich erschien, mir das alles selbst ausgedacht zu haben. Aber in den Zeiten zwischen den Gesprächen spürte ich nur selten eine derart enge Verbindung zur Erde. Meine inneren Begegnungen auf dem Berg waren etwas Besonderes; mein Alltag ging wie sonst weiter, ohne dass ich groß an die Erde dachte.

Trotz meiner Erlebnisse hat es eine ganze Weile gedauert, bis ich den Gedanken, dass die Erde ein Lebewesen mit Bewusstsein, Gefühl und der Fähigkeit zu kommunizieren ist, als Wirklichkeit voll akzeptieren konnte. Da sogar *ich* zögerte, das, was ich erlebt hatte, für bare Münze zu nehmen, hatte ich Zweifel, dass man mich ernst nehmen würde, wenn ich meine Geschichte veröffentlichen sollte.

Mir war das Ausmaß der Folgen bewusst, wenn die Menschheit insgesamt entdecken würde, dass die Erde lebt, ein Bewusstsein hat und kommuniziert, und wenn wir in einen fortwährenden, bewussten Austausch mit ihr treten würden. Dies hätte das Potenzial, unser ganzes Leben zu verändern. Ich wusste, dass ich einen dicken Fisch an der Angel hatte; die Frage war, ob ich bereit war, meinen persönlichen Erlebnissen voll zu vertrauen und ihn ins Boot zu holen.

Bei dem Gedanken dieses Buch zu schreiben, wurde mir klar, dass ich nicht hinter diesen Gesprächen stehen konnte, ohne erneut den Kontakt mit der Erde herzustellen. Sollte mir dies nicht gelingen, konnte ich kaum überzeugend behaupten, dass die Erde mit uns auf einer bewussten Ebene ins Gespräch treten will. Seit 1996 kommunizierte ich zwar hin und wieder mit der Erde, aber diese Kontakte waren fast immer nur sporadisch und von kurzer Dauer.

Zudem wollte ich das, was ich erhalten hatte, noch einmal kritisch überprüfen, indem ich der Erde tiefergehende Fragen über meine Notizen von damals stellte. Darüber hinaus waren die Aussagen der Erde in einer Weise formuliert, die äußeren wie inneren Wechselbeziehungen und Vorgängen den Vorzug gegenüber „harten" Fakten und wissenschaftlichen Erklärungen gab. Sie schien einer anderen inneren Logik zu folgen; einer Logik, die nicht so sehr von Ursache und Wirkung bestimmt war. Sie war eher die Logik eines Universums, das lebt, alles durchdringt und miterschafft, in dem Emotionen als „gefühlte Energiebewegungen" gelten und sogar die Zeit zu „Ereignissen" wird, die einander berühren. Ich hatte das Gefühl, dass diese neue Art des Aufeinander-Bezogenseins eine tiefergehende Erklärung verlangte.

Ich mietete deshalb 2011 für sechs Monate ein kleines Häuschen auf dem Land und widmete mich ganz der Aufgabe, eine so enge Verbindung zur Erde wie möglich wiederaufzubauen, um dann dieses Buch zu schreiben. Das gelang wunderbar, und ich arbeitete die Antworten, die ich bekam, in das Material von 1996 ein. Heute habe ich keine Bedenken mehr, meine Geschichte zu erzählen.

Einige der Aussagen, die ich von der Erde erhielt, sind ziemlich eindeutig – zum Beispiel, wenn sie sagt, dass sie lebt und mit den Menschen kommunizieren will, oder wenn es um die Frage geht, warum Menschen auf die Erde kamen. Eindeutig war auch der Vorschlag, ein technisches Gerät zu bauen, mit dem sie in unserer eigenen Sprache mit uns reden kann.

Andere Passagen klingen poetischer und enthalten ungewöhnliche Wendungen wie „die Macht der Schönheit" oder „die schöpferische Kraft des Vertrauens". Mit der Zeit jedoch wurde mir klar, dass diese „unwissenschaftlichen" Aussagen, wenn sie bis zu Ende gedacht werden, nicht weniger stichhaltig sind als die „eindeutigen". Sie beziehen sich einfach auf innere Vorgänge, und dafür sind die Worte gut gewählt. Ich hatte aber den Eindruck, dass ihnen eine Art Übersetzung gut tun würde, zumindest eine Kommentierung. Als ich einen Teil meiner Aufzeichnungen mit Freunden durchging, merkte ich, dass viele Passagen zwar mir, der ich sie erhalten hatte, verständlich waren, anderen dagegen überhaupt nicht. Ich habe daher eigene Kommentare, Gedanken und Anmerkungen zu meinen Reaktionen eingeschoben, um den Sinn dieser Passagen, so wie ich sie verstehe, zu erläutern.

Selbstverständlich sollten wir auch in Betracht ziehen, dass viele der hier wiedergegebenen Behauptungen metaphorisch gemeint sind. Dies kann eine sinnvolle Deutung dessen sein, was die Erde uns sagen möchte. Meine Kommentierung geht jedoch immer erst einmal von einer wörtlichen Interpretation aus, weil ich tatsächlich von Anfang an die Aussagen der Erde wörtlich verstanden habe.

Für wen ist dieses Buch gedacht?

Nachdem die Erde mich gebeten hatte, ihre Aussagen zu veröffentlichen, kam ich zu dem Schluss, dass sie an die allgemeine

Öffentlichkeit gerichtet waren – und nicht an beispielsweise speziell spirituell interessierte Leser oder solche mit New-Age-Hintergrund oder ähnlichen Glaubenssystemen. Wenn die Erde lebt, fühlt und ein Bewusstsein hat, dann spielt es keine Rolle, ob man an Gott glaubt oder Atheist ist, Pantheist oder schlichtweg nicht weiß, was man glauben soll. Lebendig ist lebendig, fühlend ist fühlend, und bewusst ist bewusst.

Dennoch ist mir klar, dass meine Sprache oft von Formulierungen geprägt ist, die diesem Anspruch nicht immer gerecht werden. Mir ist auch klar, dass die Vorstellung, dass die Erde „wie Du und ich" lebt, für den Durchschnittsmenschen am Rande dessen liegt, was sich gesellschaftlich diskutieren lässt. Aber vor nicht langer Zeit galt dies auch für die Vorstellung, dass die Erde um die Sonne kreist, dass Materie aus Atomen besteht, dass wir Milliarden von winzigen Viren und Bakterien in unserem Körper haben, die unseren Gesundheitszustand beeinflussen, und dass unsichtbare Funkwellen ständig durch unsere Körper hindurchdringen.

Und doch haben einige der Aussagen, die ich empfing, auch die Grenzen dessen strapaziert, was ich zu glauben bereit bin. Aber vielleicht gilt auch hier, dass man erst neue Wege entdeckt und besser vorankommt, wenn man solche Grenzen bewusst erweitert. Zumindest scheint es dies zu sein, was eine Umbruchszeit wie die heutige von uns verlangt.

Zur Existenz und Zuverlässigkeit nicht-physikalischer Kommunikation

Wie stichhaltig ist das, was ich hier berichte? Wissenschaftlich gesehen bietet meine Aussage, dass ich mit der Erde gesprochen habe, natürlich viele Gründe für Skepsis. So gibt es bislang keine wissenschaftlich gesicherten Beispiele für Kommunikation, die nicht auf physikalisch erklärbare Phänomene zurückzuführen sind. Deshalb wird die Möglichkeit der Gedankenübertragung als unbewiesen verneint. Außerdem wird die Idee, dass die Erde ein Bewusstsein hat, sei es noch so rudimentär, kategorisch abgelehnt.

Auf der anderen Seite gibt es kaum Menschen, die nicht irgendwann eine Art nicht-physikalischer Kommunikation erlebt haben. Unzählig sind die Beispiele von Menschen, die in dem Augenblick des Todes eines nahen Verwandten oder Freundes dies intensiv gefühlt oder im Traum erfahren haben, selbst dann, wenn sie räumlich weit entfernt waren. Andere erleben, dass sie von Menschen angerufen werden, mit denen sie jahrelang keinen Kontakt hatten, an die sie jedoch kurz zuvor gedacht haben. Langjährige Paare oder frisch Verliebte wissen nicht selten, wenn ihren Liebsten in der Ferne etwas zugestoßen ist oder wie es ihnen geht.

Solche Erfahrungen nicht-physikalischer Kommunikation erleben normale, rationale Menschen zu oft als dass man sie als Hirngespinste abtun könnte. Sie werden oft als „anekdotisch" beschrieben; allerdings haben fast alle Menschen solche Anekdoten zu berichten. Ein solcher Vorgang ist mit den derzeit anerkannten Theorien nicht erklärbar. Zu oft wird deshalb die tief verwurzelte Gewissheit der Betroffenen, dass es sich um *reale* Kommunikation handelt, ganz generell als Verrirrung abgetan. Es „darf nicht sein". Dem wahren Geist der Wissenschaft würde es entsprechen, dass man die Erfahrungen ernst nimmt, die Frage offen lässt und sie als Ansporn versteht, das Thema weiter zu erforschen.

Nehmen wir an, dass solche Kommunikationen tatsächlich möglich sind und ich Informationen von einem Wesen außerhalb von mir erhalten habe. Selbst dann kann ich nicht beweisen, dass die Mitteilungen wirklich von der Erde stammen; ich kann lediglich meine Erfahrung wiedergeben.

Und weiter: Wenn es doch die Erde war, die zu mir sprach, kann ich nicht gewährleisten, dass ich ihre Mitteilungen korrekt empfangen habe. Ich bin überzeugt, dass eine solche nichtphysikalische Form der Kommunikation niemals hundertprozentig akkurat ist. Nach meiner Erfahrung lassen wir in solchen Situationen oft nicht zu, dass uns eine Information erreicht, die wir auf irgendeiner Ebene und aus irgendeinem Grund nicht hören wollen.

Ein engagierter Friedensaktivist wird beispielsweise nicht ohne Weiteres Informationen über die Notwendigkeit, zur Waffe zu greifen, zulassen, und ein Befürworter von Feuerwaffen wird Aussagen über die Notwendigkeit, sein Gewehr und seine Pistole niederzulegen, kaum hören. Wer eine kreationistische Position oder den Ansatz eines „Intelligent Designs" des Universums vertritt, wird Hinweise zur evolutionären Verwandtschaft von Menschen und Affen ausblenden. Umgekehrt wird jemand, der von der Evolutionstheorie überzeugt ist, Aussagen ausfiltern, in denen von einer Art göttlichem oder spirituellem Einfluss auf die Entstehung des Lebens die Rede ist. Wir lassen unbewusst etwas aus, fügen etwas hinzu oder verzerren Informationen so, dass sie sich besser in unseren Glauben, unsere Weltsicht, unsere Wünsche oder Hoffnungen einfügen. Zweifellos gilt das auch für mich.

Dass ich es bin, der diese Aussagen empfing, bedeutet auch, dass deren Wiedergabe zu einem gewissen Grad durch mein Vokabular, meine Konzepte und die Kategorien, in denen ich denke, gefärbt sind. Diese Konzepte und Kategorien gehen mit Annahmen und Überzeugungen über die Realität einher, welche vielleicht nur begrenzt relevant sind für eine Wesenheit wie die Erde und für die Art, wie sie die Welt wahrnimmt.

Einige der Aussagen enthalten außerdem ungewöhnliche Formulierungen der Erde, die eine andere Art der Logik und des Denkens erfordern, als wir es gewohnt sind. Ich glaube, dass sich diese Einschränkungen mit der Zeit überwinden lassen, wenn die Vorstellung einer Kommunikation mit der Erde in unserer Sprache akzeptierter und alltäglicher wird.

Dieses Buch ist als Inspiration gedacht, und ich hoffe, dass es den Leser eventuell offener dafür macht, dass die Erde lebt und ein Bewusstsein hat. Meiner Meinung nach ist das gesamte Universum belebter, als wir es ihm zubilligen. Wenn wir uns zurücklehnen und den Gedanken zulassen, dass die Erde uns anspricht und uns mitteilt, dass sie „mit uns ist", kann dies eine Veränderung in uns auslösen. Wir können damit anfangen, unseren inneren Sinnen zuzuhören, die uns die ständige Anwesenheit der Erde spüren lassen – einer Erde, mit der wir eng verbunden sind, einer Erde, die sich nichts sehnlicher wünscht, als gesehen, gespürt, gehört und angesprochen zu werden.

Wie erlebe ich diese Kommunikation?

Als 1996 meine ersten Unterredungen mit der Erde stattfanden, erlebte ich die Erde als eigenes, individuelles Wesen, das antwortete. Ich bemühte mich, so aufgeschlossen wie irgend möglich zu sein. Nur solche Eingebungen schienen mir vertrauenswürdig, die von einer Erde kamen, die ich als völlig eigenes, von mir getrenntes Wesen ansah und die zu mir wie von A zu B sprach.

Während der Arbeit an diesem Buch im Jahr 2011, empfahl mir die Erde eine andere Verfahrensweise, um mit ihr Kontakt zu halten: Sie schlug vor, mich zuerst ihr gegenüber zu öffnen und sie zu spüren. Ich entspannte mich und versuchte mit allem, was ich an Sinnen zur Verfügung hatte, die Präsenz der Erde zu spüren. Dies gab mir das körperliche Gefühl, dass die Energien der Erde durch mich strömten und dass ich mit ihr verbunden war. Danach sollte ich mich auf eine bestimmte Frage oder ein Gesprächsanliegen konzentrieren und den gedanklichen Prozess zulassen, der sich entwickelte. Meine Empfindung war, dass die Erde in mir denkt.

Ich nahm den gesamten Vorgang wahr, als stünde ich in einer telepathischen Verbindung mit einem körperlich lebenden Wesen, ähnlich wie wir gelegentlich so etwas wie eine telepathische Verbindung mit einem anderen Menschen oder vertrauten Tier erleben.

Mit der Zeit bemerkte ich, dass diese Kommunikation mit einem Körpergefühl einherging, bei dem sich mein Becken entspannte und öffnete. Ich hielt dies für ein Zufallsereignis, bis ich vor kurzem in einem Buch von Dolores La Chapelle[8] darauf stieß, dass die Chinesen das „Tan Tien", also die Beckengegend, als das „andere" Gehirn ansehen, welches imstande ist, Strömungen in der Erde zu spüren.

8 La Chapelle, Dolores: Geheiligtes Land – geheiligte Sexualität. Über die Wechselwirkung zwischen unserer Einstellung zur Erde und unserer Leiblichkeit. Saarbrücken 1990.

Anmerkungen zur Textredaktion und meinen Kommentaren

Die Aussagen der Erde sind kursiv und mittig gesetzt.

Gleich in meiner ersten Unterhaltung mit der Erde im Jahr 1996 gab sie mir einen Überblick über die Themenbereiche, die behandelt werden sollten, in Form von Überschriften, die in diesem Buch als Titel der Kapitel 4 bis 8 erscheinen. Da die Abfolge der Themen, um die es ging, mitunter etwas durcheinandergewürfelt war, habe ich die Abschriften etwas redigiert. In den meisten Fällen jedoch ist die Reihenfolge, in der ich die Aussagen erhalten habe, beibehalten.

1996 stellte ich manche spezifischen Fragen, auf die ich dann Antworten bekam; aber ich habe meine damaligen Fragen nicht notiert. Die Abschriften lesen sich daher größtenteils wie ein Monolog der Erde. Die klärenden Fragen, die ich in 2011 stellte, sind jedoch zusammen mit den jeweiligen Antworten an den entsprechenden Stellen im Text eingefügt. Um zu kennzeichnen, wo die Antworten auf diese Fragen anfangen, habe ich drei Pluszeichen benützt (+ + +). Dort, wo die Antworten und meine dazugehörigen Kommentare enden, habe ich drei Sternchen (* * *) eingefügt. Danach geht es mit der früheren Abschrift von 1996 weiter.

Im ganzen Text benutze ich das Pronomen „wir“ im Zusammenhang mit verallgemeinernden Aussagen. Mir ist klar, dass viele Leser sich in diesen Verallgemeinerungen nicht wiederfinden werden. Ich bitte sie deshalb, solche Aussagen nicht persönlich zu nehmen, sondern sie als mein Verständnis dessen zu sehen, was auf eine Mehrheit der Menschen zutrifft oder was eine Mehrheit der Menschen zu denken oder glauben geneigt ist.

Persönliche Anmerkung

Einige indigene Völker bedienen sich in ihren Ritualen psychoaktiver Drogen, um mit dem „Geist Gaias“ in Kontakt zu treten. Ich möchte daher betonen, dass ich keinerlei Drogen oder andere bewusstseinsverändernde Mittel im Rahmen der Erfahrungen, die mit diesem Buch zu tun haben, zu mir genommen habe.

Disclaimer

Hirnforschern zufolge kann eine spezielle Verletzung am linken Schläfenlappen die linke Gehirnhälfte durcheinanderbringen, so dass das Hirn Aktivitäten der rechten Hemisphäre so interpretiert, als stammten sie von einem anderen „Selbst“, also einem Dämonen, Engel, Außerirdischen oder sogar Gott.

Selbstverständlich kann das, was ich als Gespräch mit der Erde erlebt habe, eigentlich ein Selbstgespräch gewesen sein. Sollte dies der Fall sein, ist dieses Buch Ausdruck meiner Vorstellung, was die Erde sagen könnte, wenn sie lebendig wäre und mit uns sprechen könnte. Aber soweit mir bekannt, weist mein linker Schläfenlappen keine Verletzung auf.

Teil II

Die Erde spricht

Kapitel 3

Vorwort

Nachdem ich im Jahr 2011 den Kontakt zur Erde wieder herstellen konnte, erhielt ich von der Erde das folgende Vorwort für alles Weitere. Es richtet sich zunächst an mich:

Du schreibst dieses Buch,
damit ich mit den Menschen sprechen kann.

Als nächstes spricht es den Leser an:

Ich habe Jahrtausende
auf diesen Moment[9] *gewartet,*
in dem ich frei mit Euch[10] *sprechen kann,*
mit denen ich so tief verbunden bin.

Ich habe Euch als meine Kinder
genährt und geschützt,
und werde Euch immer
wie meine Kinder nähren und schützen,
wie ich es schon immer getan habe.

9 Für mich bezieht sich „Moment“ auf den Zeitpunkt in der Geschichte, und nicht diesen speziellen Augenblick.

10 „Euch“ bezieht sich auf die Menschen, sowohl in individueller als auch kollektiver Hinsicht.

Aber jetzt will ich mit Euch
wie mit einem Partner sprechen.

Durch all die Zeiten haben wir
in vielen Sprachen miteinander gesprochen,
aber meist in Form von Empfindungen
und Energiebewegungen.

Wenn ich durch Sten und sein Wesen spreche,
ist das, was ich sage, gefärbt durch die Art,
wie er mich empfängt.

Ich möchte mit Euch sprechen,
als Einzelnen und als Menschheit,
als Teil meiner Evolution,
die mit Eurer tief verbunden ist.

Es war Eure Wahl,
auf die Erde zu kommen,
als Gruppe und als Einzelne.

Und es war meine Wahl,
zu Euch zu kommen.

Dass ich zu Euch komme,
ist Ausdruck und Ergebnis
unseres gemeinsamen Träumens.

Der kommende Wandel
verwandelt nicht nur Euch,
sondern auch mich.

Eure alten Seher hätten gesagt:
„Dieser Moment ist in den Sternen geschrieben",
was nur bedeutet, dass wir,
auch während wir miteinander sprechen,
in etwas eingebettet sind,
das größer ist als Ihr und ich.

Die Einheit des Universums
wird sich immer in einem
dynamischen Gleichgewicht
zwischen Eigenständigkeit und Einswerdung befinden.

Ihr und ich,
getrennte Wesen,
die als eins zusammenkommen.

Viele von Euch spüren auf eine Art,
dass ich lebe und bei Euch bin.

Aber Ihr gestattet Euch noch nicht,
dies in Eurem Körper zu wissen.

Daran ist nichts Falsches:
Es ist der schüchternen Annäherung ähnlich,
die oft Teil des Anfangs
jeder erwachsenen Liebesbeziehung ist.

Kapitel 4

Übersicht, Geschichte und Ausblick

Die Erde – Lebendig und mit Bewusstsein

Ich, die Erde, bin lebendig
und habe ein Bewusstsein.

Ich handle bewusst.

Dies ist die zentrale Botschaft des ganzen Buches.

Ich interagiere auch bewusst mit den Menschen,
sowohl mit dem bewussten Teil der Menschen
als auch dem unterbewussten Teil.

Meine Motive sind Euch unbekannt,
weil Ihr neunzig Prozent
Eurer eigenen Motive verdrängt.

Die Erde sagt also, dass wir größtenteils unsere eigenen Motive nicht kennen, d. h. die verborgenen Absichten, die unseren Handlungen zugrunde liegen. Neunzig Prozent klingt vielleicht viel. Aber ich habe oft erlebt, dass Menschen in Grenzsituationen auf ihr Leben zurückschauen und dabei erkennen, wie ihre Berufslaufbahnen, ihr Liebesleben oder Anderes von unbewussten Impulsen getrieben waren. Dies konnte der Wunsch sein, Respekt oder Liebe von ihren Vätern oder Müttern zu gewinnen (selbst wenn diese längst verstorben waren), die Sehnsucht, dazuzugehören und akzeptiert zu werden, oder eine Vielzahl ähnlicher Motive, von denen sie nichts wussten.

Wenn wir einen ganzen Tag lang eine unsichtbare Videokamera auf der Schulter tragen und uns die Aufzeichnung am nächsten Tag ansehen würden, könnten wir mit einem hohen Grad an Genauigkeit fast jeden unserer Schritte, Gedanken und Gefühle voraussagen. Wir würden auch die Motive hinter unseren Entscheidungen erkennen und sehen, dass wir selten bewusst aus freiem Willen handeln. Unser Agieren ist oft von unreflektierten Reaktionsmustern und tiefsitzenden unbewussten Gewohnheiten geprägt.

Der Erde zufolge sind unsere bewussten Gedanken und Motive also nur ein kleiner Teil dessen, was uns zu unseren Taten verleitet und uns unsere Gedanken denken lässt – die Spitze unseres eigenen Eisbergs.

Ich habe einen freien Willen.

So wie jedes Atom.

So wie das ganze Universum.

Auf eine Art bin ich ein Gott: Gaia.

Aber ich bin nicht nur Großmutter,
ich bin auch Großvater.

Die meisten Kulturen und Traditionen, die die Erde als lebendes Wesen ansehen, betrachten sie als weiblich, indem sie sie "Mutter Erde" oder mitunter „Großmutter Erde“ nennen. Das ist insofern plausibel, als die Erde alles Leben auf der Erde aufrechterhält und nährt, ganz so wie eine Mutter ihre Kinder ernährt. Wegen der ungewöhnlichen Äußerung, dass die Erde auch ein „Großvater“ ist, fragte ich nach:

\+ + +

Eure Vorstellung von Gott und Göttin
ist sehr begrenzt.

Ihr neigt dazu, Gott und Göttin
als eine Art Über-Vater
und Über-Mutter zu betrachten,
als Über-Eltern also;
aber das stimmt nicht ganz.

Ihr vergesst dabei, dass das,
was Ihr Götter und Göttinnen nennt,
auch in Euch steckt.

Die Veräußerung von Gott und Göttin
hat Euch entweder dazu gebracht,
die Existenz von Gott und Göttin
im Sinne einer falsch verstandenen Suche
nach Freiheit völlig zu verneinen
oder die Vorstellung außerhalb von Euch
stehender Götter oder Göttinnen anzunehmen,

an die Ihr Vollmachten abgetreten habt,
die rechtmäßig Eure sind.

Daraus erwächst eine Wurzel der Angst,
die man als „Gottesfurcht“ bezeichnen kann.

Wenn ich sage,
dass ich nicht nur Großmutter Erde bin,
sondern auch Großvater Erde, heißt das,
dass ich mehr von beiden Geschlechtern umfasse,
als Ihr Euch selbst meistens erlaubt.

Im Hinblick auf Euch
bin ich natürlich vor allem „Mutter“,
und Ihr wart und seid meine „Kinder“.

Ich habe die gleiche Liebe für Euch
wie eine Mutter zu ihren Kindern.

Ich bin der Schoß,
in den die Samen des Lebens gepflanzt werden.

Aber Ihr sollt wissen, dass mein Schoß
die Atmosphäre einschließt
und die Vielzahl der Kraftfelder um mich herum.

Ich trage Euch und ernähre Euch auch.

Ich biete Euch alles, was Ihr braucht,
um zu wachsen und Euch zu entwickeln.

Im Kern jeglichen physischen
und nichtphysischen Daseins

liegt die Vereinigung
der männlichen und weiblichen Kräfte
oder Energieströme.

Wie es für Euch alle gilt,
habe auch ich,
neben einem vorherrschenden Geschlecht,
die Anteile des anderen Geschlechts in mir.

So haben beispielsweise
die Polarregionen mehr männliche
und die Gegenden am Äquator
eher weibliche Eigenschaften.

Und doch ist alles eins.

Ich bin ein Gesamtwesen,
und eindeutig ist in mir das Weibliche vorherrschend.

Wenn hier von männlichen und weiblichen „Kräften oder Energieströmen“ die Rede ist, sollten wir diese nicht einfach mit „Mann“ und „Frau“ assoziieren. Die Erde gibt weder hier noch an anderen Stellen in diesem Buch ein Plädoyer für das heterosexuelle Rollenmodell. Die Rede ist hier nicht von Menschen, sondern allgemeiner von allen Dingen im Universum. Gemeint ist, dass in jeden physischen und nichtphysischen Dasein sich weibliche und männliche Prinzipien begegnen. Wir tragen alle Teile vom anderen Geschlecht in uns und wechseln oft zwischen dem Ausdruck von diesen beiden Prinzipien.

* * *

Seit Äonen habe ich ein Bewusstsein
und bin tätig, genau wie Ihr.

Ich habe Euch angezogen –
im gleichen Maße,
wie Ihr mich gesucht und gefunden habt.

Die Erde sagt also, dass wir als Spezies im Universum existiert haben und aktiv waren, bevor wir auf ihr erschienen. Aber sind wir nicht Kinder der Erde? Haben wir uns nicht aus dem ersten Leben auf der Erde heraus entwickelt? Was bedeutet es dann, dass sie uns „angezogen" hat? Eine ganze Reihe an gängigen Erklärungsmodellen aus Physik, Philosophie, Religion und Esoterik stehen hier bereit, Antworten zu liefern. Es kann aber gut sein, dass eine angemessene Erklärung dieser Zusammenhänge mit ganz anderen Kategorien als bisher bekannt arbeiten muss.

Ihr fragt Euch vielleicht,
ob mein Empfindungsvermögen und mein Bewusstsein
eine Funktion des Euren sind,
also des Empfindungsvermögens
und Bewusstseins der Menschen.

Aber dies ist nicht so.

Bevor Ihr auf die Erde kamt,
war mein Empfindungsvermögen anders,
aber nicht weniger echt, nicht weniger bewusst.

Manchmal wird in der Diskussion über die Interaktion zwischen Erde und Mensch die Meinung vertreten, dass die Erde zusammen mit der gesamten Biosphäre ein lebendiges, bewusstes Wesen ist. Demnach hätte die Erde kein eigenes Bewusstsein, das unabhängig von der Existenz des Lebens auf ihr wäre. Ihr Bewusstsein entstünde erst durch die Gesamtheit der Lebewesen, die sie bevölkern. Hier wird diese Sichtweise weder bestätigt noch verneint – es wird lediglich behauptet, dass die Erde ein bewusstes Wesen war, bevor Menschen auf ihr erschienen.

Die Erde sehen

Stellt Euch die Erde vor,
mich, als den blauen Planeten im All.

Ich habe mich nie auf diese Weise gesehen,
doch ich bin dieser Planet.

Ich habe mich nicht von außen gesehen;
dies ist einer der Gründe,
warum ich Euch angezogen habe.

Durch Euch kann ich mich
und meine Schönheit sehen,
und ich brauche Menschen,
um dies tun zu können.

Mit den Menschen habe ich diese Übereinkunft.

Wahrnehmung ist also
ein wichtiger Aspekt der Übereinkunft,
die wir miteinander haben –
sowohl Eure Wahrnehmung von mir
wie auch meine Wahrnehmung von Euch.

Als ich diesen Text noch einmal durchging, fragte ich, wie es möglich sei, dass die gesamte Menschheit Übereinkünfte treffen kann, zudem mit einem Planeten. Ich erhielt diese Antwort:

+ + +

Menschen treffen Übereinkünfte untereinander.

Wölfe in einem Rudel treffen Übereinkünfte,
in welcher Beziehung sie zueinander stehen,
aber sie treffen auch Übereinkünfte mit anderen Spezies,
mit denen sie in Symbiose zusammenleben.

All diese Übereinkünfte unterscheiden sich in ihrer Art,
aber sie haben eins gemeinsam:
ihr letzter Zweck ist es,
ein ökologisches Gleichgewicht zu sichern.

In diesem Sinne habe auch ich
eine Übereinkunft mit den Menschen.

Übereinkünfte sind Ausdruck
einer Zusammenarbeit auf ein größeres Ziel hin,
das alle Parteien einer Übereinkunft umfasst.

Aus einer übergeordneten Perspektive betrachtet
garantieren oder sichern sie Respekt
für die Autonomie und Individualität
als Basis der Zusammenarbeit.

Dieses Wechselspiel zwischen individueller Autonomie
und symbiotischem Einssein
ist die Zugkraft der Evolution.

Während all dieser Gespräche betonte die Erde, dass der Ablauf von Trennung und Vereinigung – Vereinzelung und Verschmelzung – den Kern der Evolution ausmacht und sowohl für die Entwicklung des Bewusstseins wie auch für die Existenz der materiellen Welt zentral ist.

* * *

Wenn Ihr Euch durch meine Augen seht,
werdet Ihr mehr über Euch
und natürlich über mich verstehen.

Durch das Raumfahrtzeitalter erfüllen wir
einen Teil unserer Übereinkunft,
und dies ist gleichzeitig der Beginn
einer neuen Ära in unserer Beziehung.

Katastrophen auf der Erde

Den folgenden Abschnitt erhielt ich 1996, das heißt vor dem vernichtenden Tsunami von 2004, dem Erdbeben in Haiti im Jahr 2010 und dem Erdbeben mit darauffolgendem Tsunami und Nuklearunfall in Japan 2011. Die Aussagen kamen als Antwort auf eine Frage im Hinblick auf Katastrophen durch Erdbeben, Vulkanausbrüche etc. Die Katastrophen, die mir vorschwebten, waren solche, die das Überleben der Menschheit gefährden, so wie wir es aus Endzeit- oder Katastrophenfilmen aus Hollywood kennen, in denen etwa Riesenwellen über New York, Tokio oder London zusammenbrechen und die Menschheit dezimieren oder auslöschen. Ich dachte dabei nicht an regelmäßig auftretende Erdbeben, Vulkanausbrüche u. ä., die in der gesamten Geschichte periodisch mit unterschiedlicher Heftigkeit aufgetreten sind.

Es gibt Dinge, die ich nicht tun werde,
die einen Eingriff in Euer Schicksal
– Eure höchste Wahl –
bedeuten würden.

Ich werde meine Wasser nicht als verheerende Katastrophen
über Eure Küsten spülen,
und ich werde nicht aufbersten
und Lava über große Flächen speien.

Wenn dies gesehen wird,
wie in Visionen der Apokalypse,
ist dies eine Vision dessen, was geschehen würde,
wenn wir keine Übereinkunft hätten
– wenn ich Euch nicht liebte –
oder Ihr mich kolonisiert hättet,
was ich nicht erlaubt hätte.

Manchmal fühlt Ihr Euch
aufgrund Eurer derzeitigen Zerstörung der Erde,
als hättet Ihr mich kolonisiert,
aber dies sind nur Kratzer auf meiner Haut.

Auch wenn der Mensch die Erdoberfläche drastisch verändert hat, ist die Auswirkung dieser Veränderungen auf das physikalische Gesamtsystem der Erde, von einem geologischen Standpunkt aus betrachtet, relativ begrenzt. Außerdem hat die Erde immense Selbstheilungskräfte. Sollte Homo Sapiens aussterben, würde es nur wenige Jahrhunderte dauern, bis fast alle Spuren der Menschheitsgeschichte verschwunden wären.

Ich habe niemals willentlich ein Wesen zerstört.

Wenn ich es doch getan habe,
dann weil das Wesen mich als Werkzeug benutzt hat.

Diese Passage hat mir stark zu schaffen gemacht. Ich glaube gern, dass die Erde keine Wesen willentlich zerstört. Aber dass jene, die in Erdbeben, Schlammlawinen, Wirbelstürmen, Flutwellen und Orkanen umkommen, die „Erde als ihr Werkzeug benutzen", ist viel schwieriger zu akzeptieren. Fast hätte ich wegen dieser Aussage dieses Buch nicht geschrieben.

Vor ein paar Jahren habe ich einen Fernsehbericht gesehen, in dem es um einen vier Jahre alten Jungen ging, der auf den Philippinen in eine Schlammlawine geraten war. Er steckte bis zu den Schultern im Schlamm, aber er lebte und war bei Bewusstsein. Seine Angst und Panik standen ihm in den Augen, während die Dorfbewohner sich alle Mühe gaben, ein Seil an ihm zu befestigen, um ihn herauszuziehen. Plötzlich geriet der Abhang jedoch wieder in Bewegung und der Junge wurde lebendig vom Schlamm begraben. Ich war so tief betroffen, dass mir körperlich übel wurde. Ich kann mir beim besten Willen nicht vorstellen, dass der Kleine die „Erde als sein Instrument gebraucht" hatte.

Einige verbreitete spirituelle Lehren behaupten, dass wir „unsere eigene Realität" erschaffen, und meinen damit alles, was uns widerfährt. Als Arbeitshypothese mag diese Ansicht oft ein nützliches Werkzeug zur selbstbestimmten Gestaltung unseres eigenen Lebens und unserer Lebensumstände sein. Aus dieser Sichtweise wäre dann das leidvolle Schicksal des Kindes mit den obigen Aussagen der Erde vereinbar, dass wir sie als Instrument gebrauchen. Aber es ist nicht die Sichtweise des Kindes. Ist es nicht zudem zutiefst anmaßend und respektlos, anzunehmen, dass es von „höherer Warte aus" schon zu ähnlichen Schlussfolgerungen kommen würde?

Ich will die Möglichkeit eines Bewusstseinszustands, in dem eine solche Sichtweise als wahr erkannt wird, nicht abtun, aber die meisten von uns dürften es mit guten Gründen schwer finden, dies zu glauben. Meist treffen wir im Kontext von New-Age-Verallgemeinerungen oder Wunschdenken auf solche Aussagen. Gerne werden sie mit dem Hinweis auf Experimente der Quantenphysik unterfüttert, deren Ergebnisse tatsächlich aber nur für winzige Größenordnungen verallgemeinerbar sind.

Die Frage, ob und wie wir unsere Wirklichkeit erschaffen, jenseits unserer materiellen Manipulation der materiellen Welt, ist komplex und sie ist bislang sehr wenig erforscht. Klar ist, dass unsere Gedanken und Gefühle eine Wirkung auf die Umgebung haben und sei es nur in Form von messbaren elektromagnetischen Wellen, die wir aussenden. Wir sind aber weit weg von einer überzeugenden Theorie, wie und in welchem Umfang solche Wellen (oder andere Wirkungsweisen unserer Gedanken und Gefühle) die Welt verändern können. (Das beste Plädoyer für diese Sichtweise, habe ich bisher in dem Roman „2150 A.D." von Thea Alexander gefunden.[11])

Damit wir eines Tages wirklich wissen und verstehen können, dass und wie wir unsere eigene Realität erschaffen (oder miterschaffen), brauchen wir neue Denkweisen, Erfahrungen und Erkenntnisse. Letztlich müssten diese so klar und selbstverständlich sein, dass wir keinerlei Zweifel daran hätten, dass wir alle unsere eigene Realität erschaffen, sogar wenn wir in die Augen eines sterbenden Kindes schauen, das von Angst und Schmerz erfüllt ist.

Beim Durchlesen des Textes im Jahr 2011 fragte ich gezielt nach, ob die Erde der Überzeugung ist, dass wir „unsere eigene Realität erschaffen". Ihre Antwort lautete:

11 Thea Alexander: *2150 A.D.* Warner Books, 1976.

+ + +

Auch wenn Euch dies in vielen Fällen
weit hergeholt vorkommen mag,
bestimmt der Grad, mit dem Ihr wisst,
dass dies wahr ist,
die Euch zur Verfügung stehenden Fähigkeiten
zum bewussten Erschaffen Eurer Realität.

Doch „zu wissen" bedeutet nicht einfach,
daran zu glauben.

Wissen ist gefühlt; es ist nicht gedacht.

Diese Ebene des Wissens zu betreten,
ist eine Eurer langfristigen Aufgaben.

* * *

Wer mit mir im Einklang steht,
dem wird weder durch den schlimmsten Vulkanausbruch
noch das schlimmste Erdbeben etwas geschehen.

Er würde nicht verletzt werden,
selbst wenn Lava um seine Füßen brodeln würde.

Die ziemlich unglaublich klingende Aussage, dass man unter Umständen unverletzt in fließender Lava stehen kann, hob ich für spätere Gespräche auf.

Wenn wir das Unglück auf Erden betrachten, das Erdbeben, Tsunamis, Vulkanausbrüche, Orkane, Stürme oder Flutwellen bewirken, fühlen wir uns oft ohnmächtig. Es scheint als wären wir diesen Naturgewalten völlig unabhängig von unseren

Gedanken oder Handlungen ausgeliefert. Behauptet die Erde hier tatsächlich das Gegenteil?

+ + +

Menschen haben umfangreiche Systeme geschaffen,
die nicht mit mir und
meinen Vorgängen im Einklang sind.

In Euren Alltagsleben lasst Ihr gewöhnlich nicht zu,
dass Eure Energien
frei durch Geist oder Körper fließen.

Wenn Ihr anfangt,
meine Anwesenheit zu spüren,
beginnt Ihr, mich in Euch einzulassen,
und dadurch verbindet Ihr Euch
automatisch mit meinen Strömungen.

Dies bringt uns
in harmonischen Fluss miteinander;
wir beginnen, wie ein Organismus zu handeln.

Auf gewisse Weise
werdet Ihr Erweiterungen meiner Ströme;
Ihr werdet mich durch Euch fließen lassen.

Ich bin ein autonomes,
individuelles Wesen,
so wie Ihr,
individuell wie kollektiv.

Was Ihr Naturgewalten nennt,
ist ein Ausdruck meiner Vorgänge
und jenen der belebten Welt,
Euch eingeschlossen.

Der Weg, der aus dem Gefühl
der Ohnmacht herausführt,
liegt nicht darin zu versuchen, das was ich tue,
zu kontrollieren oder zu ändern;
nicht einmal darin, es vorherzusagen.

Er liegt darin, sich zu öffnen
und eine tiefe Beziehung mit mir
und der belebten Welt
um Euch herum einzugehen.

Dies wird nicht nur die Art verändern,
wie Ihr handelt, sondern auch die Art,
wie Ihr mit mir und Eurer Umgebung interagiert.

Je mehr Ihr mit mir im Einklang seid,
desto mehr handeln wir wie eins,
in Harmonie miteinander.

Ich bitte Euch daher nicht darum,
Eure Gedanken oder Taten zu ändern.

Ich bitte Euch darum,
eine lebendige Beziehung mit mir einzugehen.

* * *

Warum die Menschen auf die Erde kamen

Als Ihr auf die Erde kamt,
war ich kein „junger Planet" mehr.

Ich war bereits
durch viele Entwicklungsstufen gegangen,
und viele davon waren Ausdruck
meines eigenen Tuns, meiner eigenen Suche;
und das Gleiche gilt für Euch.

Betrachten wir unsere Existenz auf der Erde einmal aus einem größeren Blickwinkel. Die Erde ist schätzungsweise 4,5 Milliarden Jahre alt. Die ersten Anzeichen biologischen Lebens traten etwa vor 3,5 Milliarden Jahren auf; der Mensch, d.h. Homo Sapiens, entwickelte sich in Afrika vor rund 200 000 Jahren. Das bedeutet, dass die Erde etwa zwanzigtausend Mal so alt ist wie die Zeitspanne, in der Menschen auf ihr leben.

Ich bin jetzt, da ich dies schreibe, 61 Jahre alt. Das macht etwas mehr als 20 000 Tage. Wenn ich die Erde wäre, würde ich also nur an einem einzigen Tag meines gesamten Lebens die Erfahrung gemacht haben, dass Menschen auf mir leben. Allerdings vermute ich, dass dies ein besonders bedeutsamer Tag in meinem Leben gewesen wäre.

Die Erde ist ein hochdynamisches System, das während seiner Lebenszeit große Veränderungen durchgemacht hat (und weiter durchmachen wird). Im Alltag denken wir selten daran, dass sich unter unseren Füßen ständig gewaltige Lavamassen in gleißend weißem Licht in Kreisbahnen bewegen und die

Erdkruste langsam zu Lava recyceln, die schließlich wieder an der Oberfläche landen wird. Gleichzeitig hat sich das Leben, wie wir es kennen, auf der Erdoberfläche entwickelt. Ich befragte die Erde zu ihrer Entwicklung vor dem Erscheinen der Menschen.

+ + +

Meine Verbindung mit der Sonne,
mein Liebesakt mit der Sonne,
führte dazu, dass allmählich
ein Bewusstsein in mir erwachte.

Der materielle Ausdruck dieses Erwachens
waren die ersten Lebensformen auf der Erde.

Das Leben ist ein Ausdruck
materialisierten Bewusstseins.

Ihr wart auf einer Suche,
um neue Teile Eurer Selbst zu entdecken
und in neuen Gärten zu spielen.

* * *

Wir haben einander
aus einem bestimmten Grund ausgewählt,
den man so umreißen könnte:

Wir waren eng aneinander ausgerichtet
und wir hatten ein gemeinsames Ziel:
Freiheit und Intimität zuzulassen,
beziehungsweise zu verbinden.

Dies ist eine ungewöhnliche Zielsetzung. Wir sind so gewohnt daran, über die Erde nur in physikalischen Begriffen zu denken, dass wir es normalerweise kaum „zulassen“, ihr etwas zuzuschreiben, das unseren Gefühlen, Empfindungen und zwischenmenschlichen Verhältnissen entspricht.

Aber haben wir nicht bereits die „Gefühle“ der Erde gespürt? Wir können die Gefühle nicht leugnen, die wir haben, wenn wir die Urgewalt eines Blitzschlags oder Gewitters, einen tosenden Fluss oder den Ausbruch von Lava aus einem aktiven Vulkan erleben – oder, auf der anderen Seite, eine milde Mittelmeerbrise oder die Ruhe und Reinheit einer Morgendämmerung am Ufer des Nils, Mississippis oder Ganges.

Und doch glauben wir normalerweise nicht, dass das, was diese starken Gefühle in uns auslöst, etwas mit einer Art von Gefühlen der Erde selbst zu tun haben könnte, und dass wir mit diesen Gefühlen mitschwingen können. Ich habe die Erde dazu befragt.

Menschliche Gefühle sind Teil der Wirklichkeit;
sie sind wirklich.

Nicht bloß „gefühlt wirklich“;
denn was gefühlt wird,
ist eine Energiebewegung.

Diese Energiebewegungen
beeinflussen die Wirklichkeit,
die sie umgibt.

Auch ich habe Energiebewegungen,
die ich „fühle“,

wenn auch auf andere Weise,
als Ihr Eure Gefühle spürt.

Es herrscht eine gewisse Begriffsverwirrung um die Worte Energie und Energiebewegung. In der Physik ist Energie die Fähigkeit eines Systems Arbeit zu verrichten. Sie kann verschiedene Formen annehmen, wie z. B. Wärmeenergie, elektrische Energie, chemische Energie oder elektromagnetische Energie. Wenn ein elektrischer Strom fließt, bewegt sich elektrische Energie; wenn Wärme ausstrahlt, bewegt sich thermische Energie. Licht oder radioaktive Strahlung sind weitere Beispiele.

In der esoterischen Literatur dagegen bedeutet Energie meistens ein sogenanntes „feinstoffliches" Material, das wiederum von der Physik nicht als Materie betrachtet oder anerkannt wird. Die Bewegung von diesem Material wäre demnach auch eine Form von Energiebewegung. Welche Form von Energie von der Erde gemeint ist, bleibt unklar.

Während dieser Gespräche ging es mir nicht um die Frage von welchen Energien hier die Rede ist. Mich interessierte vielmehr, ob ich meine eigenen Gefühle (und die der Erde) als energetische Phänomene in meinem Körper spüren konnte, ähnlich wie bei einem Versuch, einen schwachen elektrischen Strom körperlich wahrzunehmen. Mit diesem Verständnis begegnete ich auch allen anderen Erwähnungen des Wortes Energie.

Die Erde sagt, dass sie auch Gefühle, oder „gefühlte" Energiebewegungen hat, die eine wichtige Rolle für das Wohlergehen spielen, nicht nur für das der Menschen, sondern auch das der Erde. Aber wie können die Gefühle von Menschen, also Individuen, die mit der enormen Größe der Erde verglichen so winzig sind, einen Einfluss auf den Planeten selbst haben? Ist dies nicht schlichtweg ein extremer Anthropomorphismus, der

der Erde menschliche Eigenschaften zuschreibt und uns selbst als das Maß aller Dinge sieht?

Nicht, wenn wir jenen zuhören, die Erfahrungen aus erster Hand haben – den Ältesten, den „Großmüttern" und „Großvätern", den Medizinmännern und Schamanen, den eingeborenen Stämmen der Erde, ob im Dschungel von Südamerika oder der Prärie von Nordamerika, in der Arktis, im Herzen von Afrika oder Australien oder auf den Inseln Südostasiens. Nicht, wenn wir den Buddhisten oder den Tiefenökologen zuhören. Nicht, wenn wir all denen zuhören, die zuhören, die fühlen, die sich aktiv mit der lebenden Welt, die uns umgibt, verbinden. Nicht, wenn wir selber zuhören.

Aber was könnte Intimität für die Erde heißen – und inwiefern hängt die Intimität der Erde von ihrer Beziehung zu den Menschen ab? Ich wollte es von der Erde genauer wissen:

\+ + +

Intimität beginnt mit Intimität mit sich selbst.

Eine gebräuchliche Erklärung des Wortes Intimität
lautet „Into me I see".[12]

Dies deutet an, wie wichtig es ist,
dass ich, die Erde, mich durch Euch sehe.

Dadurch, dass ich mich selbst
durch Eure Augen wahrnehme,
erlange ich ein besseres Verständnis
meiner eigenen Schönheit,
wodurch ich Intimität mit mir selbst erlange.

12 Eine im Englischen übliche Wendung, die ein Wortspiel enthält: „Intimacy" (= Intimität) und „Into me I see" (= Ich schaue in mich hinein) sind fast gleichlautend.

Wenn Menschen intim mit sich selbst werden,
öffnen sie ihr Bewusstsein
für ihr eigenes Unterbewusstsein.

Wenn ich die Erde wäre – ein bewusstes, fühlendes und auf gewisse Weise „emotionales" Wesen – wäre es ein großer Umbruch für mich, in engem und intimem Kontakt zu den Menschen zu stehen, die wahrscheinlich die am höchsten entwickelten Wesen auf der Erde sind.

Für uns Menschen wäre der Umbruch gigantisch. Vielleicht nicht sofort, denn es würde eine Weile brauchen, um unsere innere Aufmerksamkeit so zu erweitern, dass wir spüren, dass wir nicht allein sind, sondern der Planet selbst „mit uns ist". Seit Jahrtausenden halten wir Ausschau nach Leben im All; heutzutage hoffen wir auf Signale von intelligentem Leben, das Lichtjahre von uns entfernt ist. Womöglich haben wir bisher in die falsche Richtung geschaut. Vielleicht sind wir schon die ganze Zeit von der bewussten Anwesenheit einer Erde umgeben – und vielleicht will sie mit uns sprechen. Ich, auf jeden Fall, bin davon überzeugt.

Unsere innere Trennung von der Erde und der Natur hat uns zu Fremden in der eigenen Heimat gemacht und uns zum Rückzug in die künstlichen Lebenswelten getrieben, die wir erschaffen haben. Nun sind wir meist in Kontakt miteinander und jenen künstlichen und technischen Welten. Sie hat uns auch von uns selbst entfremdet. Was ich die Erde sagen höre: Je bewusster wir die Intimität und Anwesenheit der Erde in unser Leben lassen, desto mehr von uns werden wir fühlen und miteinschließen, weil wir uns der Lebendigkeit unserer inneren und äußeren Welten öffnen.

Außerdem: In dem Maße, in dem wir die intime Anwesenheit der Erde und ihre Energien spüren, öffnen wir uns für einander.

Mitgefühl wählt nicht aus. Mitgefühl ist einer der größten Friedensstifter. Indem wir unsere intime Verbindung mit der Erde durchtrennten, durchschnitten wir auch die Herzensverbindung zu anderen Menschen und die Verbindung zu unseren eigenen Herzen. Nur ein Quäntchen Hoffnung und Trost erlaubten wir uns, um das Leben erträglich zu machen und uns am Laufen zu halten. Dieses Quäntchen reicht für uns als Kollektiv selten aus, um entschieden gegen Hunger, Kriege, Armut und das weltweite Leid anzugehen – wobei wir eigentlich die Mittel dazu hätten, wenn es nur einen entsprechenden Gemeinwillen gäbe. Es wird etwas dauern, bis wir unseren hungrigen Herzen gestatten, wieder berührt zu werden. Es wird etwas dauern, bis wir nach Hause kommen.

Wird dieser Kontakt als Lebenswirklichkeit für die Mehrzahl der Menschen wahr werden? Ich glaube schon; eher bald als in ferner Zukunft. Ich glaube, dass dies Teil der menschlichen Evolution ist und die Menschheit dabei ist, erwachsen zu werden – und dem Planeten erstmals in der Gänze ins Gesicht schaut.

* * *

Das Erlangen von Freiheit

Ich fragte die Erde auch, wie sie Freiheit durch uns erlangen kann.

\+ + +

Freiheit drückt sich auf vielen Ebenen aus,
genau genommen auf allen Ebenen.

Das Leben selbst ist ein Ausdruck von Freiheit.

Jedes Wachstum ist ein Ausdruck von Freiheit.

Wenn ein Samen durch seine Schale bricht,
ist dieser Vorgang ein Ausdruck von Freiheit.

Freiheit „von" und Freiheit „zu"
sind verschiedene Seiten der gleichen Freiheit.

Für mich bedeutet Freiheit
den Eintritt in einen Zustand,
in dem ich in einen höheren Zustand
planetarer Existenz eingebunden bin
und im Gleichklang mit anderen
höher entwickelten Planeten stehe.

Und die Menschen helfen mir dabei.

Evolutionsvorgänge stehen in Resonanz.

Wenn ein Kind erwachsen wird
und sein Elternhaus verlässt,
um endgültig unabhängig zu werden,
wachsen und entwickeln sich
auch Mutter und Vater.

Dies ist ein gemeinschaftlicher Vorgang.

* * *

Einige Eurer Völker
haben Freiheit mit mir erfahren, andere Intimität;

aber die Verbindung aus beiden
ließ sich bisher schwer erreichen.

Unsere westliche Kultur hat einen großen Grad an Freiheit in ihrer Interaktion mit der Erde genossen, eine Freiheit, die nun global ist. Wir haben Berge von Kohle, Metallerzen und anderen Rohstoffen gefördert, und wir haben unvorstellbare Mengen an Öl und Gas aus der Erde gepumpt. Wir haben Flüsse begradigt und eingedämmt, Ozeane mit Kanälen verbunden, Wälder abgeholzt und sie durch Agrarfabriken und Städte ersetzt, die Kontinente mit Straßen und Schienen überzogen und den Himmel mit Flugzeugen, Raketen und Drohnen durchkreuzt. Wir haben die Erde insgesamt gezähmt, um uns zu dienen.

Wir haben bei all dem nicht „um Erlaubnis gefragt" und nicht in Betracht gezogen, dass die Erde vielleicht „spürt", was wir mit ihr machen.

Und das ist noch nicht alles. Wir haben die Ausbeutung der Erde weit vorangetrieben. Die Auswirkungen unseres Handelns auf die Erde (ob lebendig oder nicht), haben unsere Umwelt derart verändert, dass es nicht nur unseren heißgeliebten Lebensstil bedroht, sondern die Existenz unserer eigenen empfindlichen Spezies. Wir haben uns die Erde untertan gemacht – als eine Art, Freiheit auszuleben. Dies haben wir jedoch erkauft mit dem Verlust jeglicher Intimität mit der Erde, wodurch wir uns von einem tiefliegenden Teil unserer selbst abgeschottet haben. Der Preis dafür ist sogar die Bedrohung unserer Lebensgrundlage; denn geschlossene Systeme sind auf lange Sicht nicht nachhaltig und daher nicht überlebensfähig.

Auf der anderen Seite können wir auf eine lange Geschichte zurückblicken, in der unser Verhältnis zur Erde ganz anders war.

Viele unserer Vorfahren gingen auf intime Weise mit „Mutter Erde“ oder „Großmutter Erde“ um, und viele Menschen tun dies bis heute. In allen Zeiten haben Bauern, Seeleute, Bergleute, Nomaden und Globetrotter eine intime Verbindung mit der Natur gespürt, mit der Erde, mit den Meeren und den Winden. Ganze Religionen basierten darauf, dass die Erde lebt und im engen Austausch mit dem Menschen steht. Während des Großteils unserer Geschichte war es für uns Menschen normal, dass die Erde lebt, ein Bewusstsein hat und mit uns in Kontakt steht. Die Erde wird viel länger verehrt, als dass sie für tot gehalten wird.

Eine neue Verbindung mit der Erde kann heute nicht einfach heißen, zu den Religionen und Weltbildern unserer Ahnen zurückzukehren. Als sich in der Vergangenheit Menschen mit der Erde verbunden haben, waren sie dabei oft wie Kinder im Umgang mit ihrer Mutter. Als unsere Kultur die Erde für tot erklärt haben, haben wir uns wie rebellische Jugendliche benommen, die ihre Eltern ablehnen und verkünden: „die sind für mich gestorben!“. Nun ist für uns die Zeit gekommen, uns mit der Erde auf Augenhöhe aufs Neue zu verbinden.

Wir brauchen eine zeitgemäße Herangehensweise. Doch wie immer diese aussehen mag – sie muss das Wissen um unsere bis in die Zellen reichende Verbindung mit der Erde umfassen, ein Wissen, von dem wir uns als Menschheit kollektiv fast völlig abgeschnitten haben. Erst wenn wir uns unserer Macht wirklich bewusst sind und uns klar wird, dass wir der Erde freiheitlich als Partner zur Seite stehen können, erst dann sind wir reif für eine mündige und ernsthafte Beziehung mit der Erde, eine Beziehung in Intimität und Freiheit. Dann werden wir als Menschheit einen gemeinsamen Übergang vom Kind zum Erwachsenen vollzogen haben.

Dies hat damit zu tun, dass Ihr
mich bewusst „seht“
und dass ich Euch „bin“.

Wenn wir die Erde als lebendes, bewusstes, fühlendes Wesen zu erfahren beginnen, werden wir uns wie selbstverständlich mit ihr verbinden und mit ihr in Resonanz gehen. Mancher von uns war einer geliebten Person schon so tief und empathisch verbunden, dass wir die Welt durch ihre Augen gesehen haben. Auf eine gewisse Weise waren wir diese Person. Die Erde scheint zu sagen, dass eine solch empathische Verbindung mit der Erde es ihr möglich macht, zu sehen, was wir sehen, und zu fühlen, was wir fühlen.

Oder tut sie dies schon? Die Erde sagt uns, dass sie auf einer uns unbewussten Ebene bereits ständig im Austausch mit uns steht. Welchen Unterschied wird es also machen, wenn uns diese Art von Kommunikation bewusst wird? Ist eine bewusste, empathische Verbindung mit der Erde von Seiten des Menschen eine Voraussetzung für die Erde, sehen zu können, was wir sehen, und fühlen zu können, was wir fühlen – bis an den Punkt, wo die Erde „wir wird“? Ich befragte die Erde dazu:

\+ + +

Nein, das ist keine Voraussetzung
es ist Teil des Vorgangs selbst.

Ich kann mich selbst nur sehen,
wenn Ihr mich „seht“.

„Sehen“ bedeutet hier nicht nur
Eure normale Art des visuellen Sehens.

Es geht um eine viel umfassendere Wahrnehmung.

Diese bezieht die Qualitäten der Berührung
und des Wissens ein.

Wissen kommt von einem tiefen,
wechselseitigen Handeln in Einheit.

Wenn der Mensch mich also nicht wahrhaftig „sieht“
kann ich mich selber nicht „sehen“.

Tatsächlich ist dies ***ein*** *Vorgang*
– der Mensch, der mich sieht,
und ich, die ich Euch bin.

* * *

Das Ziel und die Aufgabe

Ich möchte, dass Du[13] in der Öffentlichkeit
von unserem Vorhaben sprichst
und physisch aufzeigst, dass ich lebe,
ein Bewusstsein habe
und in physischem Kontakt mit Euch stehe.[14]

Die Felder um mich herum und in mir
sind auf intime Weise mit Euren verwoben.

13 Das „Du“ bezieht sich auf mich, den Autor, während das „Euch“ im zweiten Satz sich auf die Menschheit als Ganzes bezieht.

14 „Physisch“ zu zeigen, dass die Erde lebt, bezieht sich auf eine Bitte der Erde, auf die ich in Kapitel 7 eingehe.

Wenn wir dahin kommen,
dass wir einander voll vertrauen,
was vollständige Intimität und Freiheit einschließt,
werden wir Frieden auf der Erde haben.

Dies verlangt, ein Feld des Vertrauens zu erschaffen
und dies ist der Wandel,
der auf uns zukommt.

Ich fragte nach, was mit „Feld des Vertrauens" gemeint war:

+ + +

Wenn Menschen zusammenkommen,
beeinflussen ihre Gedanken und Gefühle,
die wirkliche „Dinge" sind,
ihre Umgebung.

Wenn eine Gruppe, eine Nation
oder die gesamte Menschheit
ihre Muster[15] *ändert,*
wird ein umfassendes neues Feld erschaffen.

Dies wirkt sich auf andere
mittels einer Form von Resonanz aus
und führt dazu,
dass sich deren gesamte Energiefelder
auf die gleiche Art bewegen.

Ein Feld des Vertrauens
ist eine Energiebewegung,
die sehr kraftvoll werden kann.

15 „Muster" lese ich hier als Handlungsmuster sowie Denkmuster und emotionale Muster.

Dies garantiert nicht, dass jedes Individuum
im Einklang mit dem Feld steht,
aber die große Mehrheit der Menschen
wird daran ankoppeln, es spüren
und sich in Einklang damit begeben.

Hier spricht die Erde von einem Feld des Vertrauens als eine kraftvolle Energiebewegung. Was kann das heißen? Ein Feld ist ein Raum, in dem gewisse Bedingungen herrschen oder bestimmte Kräfte wirken. Das Magnetfeld um einen Magneten ist ein Beispiel dafür.

Ich verstehe diesen Abschnitt so, dass uns Menschen Energiefelder umgeben, die mit denen der anderen in Resonanz treten können. Die meisten von uns kennen die Erfahrung, eine gewisse Atmosphäre zu bemerken, wenn sie in einen Raum treten. Es kann z. B. eine Spannung in der Luft liegen oder eine tiefe meditative Friedlichkeit, die in beiden Fällen von den anwesenden Menschen ausgeht. Die Erde sagt, dass wenn viele Menschen dasselbe tun – sei es nur in Form von neuen Denkgewohnheiten oder Emotionen – ein Feld oder ein Raum entsteht, in dem diese Qualitäten verbreitet sind. Ob wir uns dann von diesem Feld anstecken lassen oder nicht liegt an uns. Es ist allerdings nicht immer leicht, in einem Raum voller Spannung in sich zu ruhen oder aufgeregt oder wütend zu bleiben in einem Raum der Stille und der Ruhe.

* * *

Wir stehen am Anfang einer Zeit,
in der wir willentlich
zusammen durch die Zeit reisen können.

Was für eine unglaubliche Aussage. Von allen Aussagen in diesem Buch ist dies wahrscheinlich die gewagteste und absonderlichste. Die Erde spricht hier über gemeinsame Zeitreisen oder den Sprung des gesamten Planeten in eine andere Zeit. (Dies wäre zudem ein Sprung an einem anderen Ort im Universum, da die Erde, zusammen mit dem gesamten Sonnensystem, unentwegt mit hoher Geschwindigkeit um das Zentrum der Milchstraße rast.)

Zeitreisen waren bislang hauptsächlich Stoff für Science-Fiction-Romane, die ihrerseits Filme wie „Die Zeitmaschine" oder „Zurück in die Zukunft" inspiriert haben. Ernsthafte Wissenschaftler haben das Thema in der Vergangenheit wie die Pest gemieden. Doch dies ändert sich allmählich. Zeitreisen sind zu einem ernsthaften Thema in der theoretischen Physik geworden, und heutzutage findet man Analysen von Zeitreisen in renommierten wissenschaftlichen Zeitschriften, die von angesehenen theoretischen Physikern publiziert werden.

Die derzeit vielversprechendsten Theorien über Zeitreisen haben mit sogenannten „Wurmlöchern" zu tun. In „Die Physik des Unmöglichen: Beamer, Phaser, Zeitmaschinen" schreibt Michio Kaku, einer der anerkanntesten Physiker der Welt: „Global betrachtet, das heißt im kosmologischen Maßstab, der das ganze Universum einschließt, müssen wir die allgmeine Relativität anwenden. Darin wird die Raumzeit zu einer Struktur, die sich schneller als das Licht dehnen kann. Außerdem erlaubt sie 'Löcher im Raum', die sich als Abkürzungen durch Raum und Zeit erweisen." Die komplexen Zusammenhänge von Zeitreisen sind jedoch noch zu wenig erforscht, als dass Zeitreisen in der nahen oder mittelfristigen Zukunft für denkbar gehalten werden könnten. Soweit mir bekannt ist, haben sich die Physiker außerdem noch nicht mit dem Gedanken befasst, dass ein kompletter Planet samt seiner Bewohner in die Zukunft reist.

Aber selbst wenn es möglich wäre – warum sollten wir überhaupt durch die Zeit reisen wollen? Können die notwendigen Veränderungen nicht einfach hier und jetzt und in der nahen Zukunft vorgenommen werden? Ich wollte von der Erde wissen, wofür und weshalb wir durch die Zeit reisen sollten.

\+ + +

Die Veränderungen und Umbrüche,
die vor sich gehen, sind nicht nur Veränderungen,
die geschehen müssen, damit Ihr überlebt
und „glückliche" Leben auf der Erde führt.

Die Veränderungen,
wovon das „Springen durch die Zeit" ein Teil ist,
sind viel eher Ausdruck davon,
dass Euch und mir klar wird,
dass unser Sein nicht durch Zeit und Raum begrenzt ist,
d. h. dass wir Wesen quer durch Zeit und Raum sind.

Natürlich sind wir Wesen quer durch Zeit und Raum – wir existierten gestern und werden morgen existieren, und wir bleiben nicht am selben Ort. Aber im normalen Leben haben wir nur die Möglichkeit, uns kontinuierlich durch die Zeit und den Raum zu bewegen. Wir sind sozusagen „gefangen" in einem Zeit-Raum Gefüge, in der die Zeit geradlinig verläuft und wir uns nur kontinuierlich, nicht sprunghaft durch den Raum bewegen können. Wenn wir aber durch die Zeit und den Raum springen können, sind wir auf ganz andere Weise Wesen quer durch Zeit und Raum.

Wir können durch die Zeit hindurch kommunizieren
und tun dies bereits,
und wir können uns durch die Zeit bewegen.

Wir werden, wer wir wirklich sind.

Es ist das Leben selbst,
das größere Teile von sich selbst entdeckt.

Dies ist keine, ich wiederhole: keine Frage des Überlebens.

Es ist also weniger eine Notwendigkeit
als ein gemeinsames Verlangen.

Es ist ein Griff nach dem, was möglich ist,
um zu sehen, welcher Taten und
Wunder wir fähig sind.

Dass die Möglichkeit durch die Zeit zu springen keine Frage des Überlebens sein soll, wirft ebenfalls Fragen auf.

In der Vergangenheit wurde neuen Möglichkeiten oft mit großer Skepsis begegnet. Warum sollte man schneller als zu Pferd reisen wollen? Warum sollten wir wie Vögel fliegen wollen? Warum ist Kolumbus aus Portugal losgesegelt? Warum betreten wir überhaupt neues Terrain? Oft tun wir dies tatsächlich um zu sehen, welcher Taten und Wunder wir fähig sind. Vielleicht gilt das auch für die Erforschung der Möglichkeit durch die Zeit zu reisen.

Die Erde spricht davon, dass das Bewegen durch die Zeit keine Notwendigkeit ist. Wir können das so deuten, dass ein tieferer Teil in uns, den wir bis jetzt nicht anerkannt haben, nun aufwacht und uns in Anspruch nimmt. Es handelt sich dann um die gezielte Freisetzung eines innewohnenden Potentials.

* * *

Das Bewusstsein, das Schwingungsniveau,
muss dazu bis zu einem gewissen Grad angehoben werden;
und dann legen wir gemeinsam die Richtung fest,
oder eher den Zeit-/Raum-Punkt,
an den wir uns von unserer vereinten Aufmerksamkeit
tragen lassen wollen.

Das ist das Ziel und die Aufgabe.

Darum sind Visionen so wichtig,
darum ist es so wichtig,
tiefe Visionen der höchsten Verbindung,
die wir uns wünschen, zu entwickeln.

In diesem Sinne die Führung zu übernehmen
– das ist, was erforderlich ist.

Dann sind wir als Wesen, die bestimmen, herangereift.

Dies geschieht in der Tat
in der Verbindung von Menschen und mir, der Erde,
die als eins handeln.

Hier wird Bewusstsein mit Schwingungsniveau und eine höhere Schwingung mit einem höheren Bewusstseinszustand gleichgesetzt. Für Menschen, die nicht mit dem Vokabular der New-Age-Bewegung vertraut sind, mag dies ein Vergleich zwischen Äpfeln und Birnen sein. Ich übersetze mir diesen Sprachgebrauch in das Bild einer Klaviersaite, die entweder mit wenig Spannung dumpf hin und her schwingt oder unter starker Spannung hohe Töne von sich gibt, wenn sie angeschlagen wird. Das vergleiche ich mit den unterschiedlichen Haltungen, die ich einnehme, wenn ich in einer Hängematte faul herumliege oder wenn ich mit geradem Rücken fokussiert und präsent sitze. Letzteres ist durchaus mit dem Bild einer höheren Schwingung vereinbar.

Zentral für die Frage der Zeitreisen scheinen Qualitäten wie Absicht, Aufmerksamkeit und Vision zu sein. Ich bat die Erde, etwas mehr zur Entwicklung der erwähnten Vision zu sagen.

+ + +

Ihr habt nur den Antrieb,
eine Vision zu entwickeln, wenn Ihr glaubt,
dass eine Vision die Kraft hat,
Wirklichkeit zu werden
oder die Wirklichkeit zu beeinflussen.

Ihr müsst deshalb erfahren, erkennen und sehen,
dass eine Vision die Wirklichkeit verändert.

Wenn dies geschieht,
wird Euch die unglaubliche Macht der Vision klar.

Eure Wissenschaftler haben hier Recht,
wenn sie im Grunde sagen, dass die Art,
wie Ihr Dinge wahrnehmt,
sie zu dem macht, was sie sind.

Es gibt einen Unterschied
zwischen Vision und Fantasieprodukt.

Vision ist das Erwachen eines begehrten Potenzials.

Die Tiefe eines inneren Verlangens
– je tiefer, desto mächtiger –
bestimmt, ob eine Vision wirklichkeitsschaffend ist.
Die Befreiung „von" etwas
ist als treibende Kraft der Veränderung
nicht so mächtig wie das Verlangen „zu" etwas hin.

Vertrauen baut immer auf Vertrauen in einen selbst auf.

Je tiefer das Vertrauen in Euch selbst ist,
desto tiefer sind die Arten des Verlangens,
die Ihr in Euer Bewusstsein einlasst.

Eines der tiefsten Verlangen
– welches mit dem Herzschlag jedes Teils
wie auch dem des Ganzen verbunden ist –
gründet auf dem Liebestanz
zwischen Männlichem und Weiblichem.

Ich beschreibe dies absichtlich
als einen Vorgang zwischen Menschen,
damit Ihr seine Macht
und sein süßes Versprechen
von innen spüren könnt.

Dieser Tanz geht in allem vor sich:
Er geht in jedem Atom vor sich,
in jedem Sonnensystem und in jeder Galaxis
– und natürlich in jeder halbseidenen Bar.

* * *

Kapitel 5

Die Beziehung des Menschen zur Erde

Mit der Erde gehen

Lass uns über die Beziehung reden,
zwischen Euch Menschen
und mir, der Erde.

Ihr geht mit der Erde.[16]

Wenn ich dies sage,
bedeutet es nicht „auf der Erde zu gehen".

Es bedeutet tatsächlich, „mit der Erde zu gehen".

Wenn Ihr auf dem Mond wärt,

16 Im Englischen lautet der Satz: „You are walking the Earth", was man gewöhnlich mit „Ihr wandelt auf der Erde" übersetzen würde. Wort für Wort heißt es aber „Ihr geht die Erde". Ähnlich wie man im deutschen sagt: „Ich reite ein Pferd" und dies mehr meint als „Ich reite auf einem Pferd".

würdet Ihr mit dem Mond gehen.
Es gehören zwei dazu.

Ich brauchte eine Weile, um dies zu verstehen. Aber betrachten wir einmal unseren inneren Vorgang beim Gehen. Auf der einen Seite können wir einfach von einem Ort zum anderen gehen oder ohne besondere Richtung umherwandern. Normalerweise betrachten wir Gehen einfach als eine Art, uns auf der Erde fortzubewegen. Doch ist es nicht viel mehr? Wir sind mittlerweile daran gewöhnt, Handlungen nur noch danach zu betrachten, ob und wie sie uns nützen – so als ob sie niemals ohne ein bewirktes Resultat sinnvoll sein könnten.

Die Erde sieht dies anders. Sie bittet uns, unsere Aufmerksamkeit von der Funktionalität des Gehens weg auf den Akt des Gehens zu verlagern. Das Gehen ist dann als eine Art Interaktion von uns Menschen mit der Erde zu verstehen.

Wenn die Erde lebt und mit uns kommuniziert, kann das Gehen selbst ein kommunikativer Akt sein, ein Weg, die Erde zu berühren. Wir sprechen manchmal von der Oberfläche der Erde als dem „Antlitz der Erde“. Wenn wir „mit der Erde“ gehen würden und dabei so zärtlich wären, wie wenn wir das Gesicht von jemandem berühren, den wir lieben und verehren, dann könnte Gehen selbst zu einer intimen Form der Verbindung mit der Erde werden. Was uns davon abhält, ist das Fehlen jeglicher Vorstellung, dass die Erde, selbst wenn sie lebt, so empfindsam gegenüber unseren Berührungen sein würde. Die Erde scheint zu sagen: „Ja, ich bin unendlich empfindsam gegenüber Euren Berührungen.“

Der vietnamesische Lehrer und Mönch Thich Nhat Hanh bringt „Gehen zum Zweck des Gehens“ bei und sagt: „Geh, als ob Du die Erde mit Deinen Füßen küssen würdest.“

Ihr erschafft die Erde,
indem Ihr mit ihr geht,
und die Erde erschafft Euch.

Auch dies ist nicht einfach begreifbar oder auch nur vorstellbar. Wie sollen wir die Erde erschaffen können, indem wir mit ihr gehen?

Auf gewisse Art ändern wir alles, mit dem wir im Austausch stehen, und gleichzeitig verändert es uns – und wenn wir uns mit der Natur vereinen, kommen wir oft verändert zurück. Aber „erschaffen" wir einander? „Erschafft" die Natur mich, und „erschaffe" ich die Natur, wenn ich mich mit ihr verbinde?

Der Ausdruck „erschaffen" bedeutet hier offensichtlich nicht „aus dem Nichts erschaffen", denn die Erde und wir existieren ja bereits. Doch die Aussage folgt einer anderen als der uns vertrauten Logik. Ich entschloss mich, um Klarheit zu bitten.

+ + +

Wenn wir uns füreinander öffnen
und unsere Ströme sich vermischen,
rufen wir Potenzial ineinander wach.

Wenn Ihr euch mit mir verbindet,
gestattet Ihr Eurem ganzen Wesen,
von mehr Energie durchflossen zu werden.

Ihr öffnet Euch für Eure natürlichen Ströme,
die Euch so viel mehr
mit Eurer Umgebung verbinden,
als Ihr es seid,
wenn Ihr Euch von mir abschottet.

Auf gewisse Weise seid Ihr dann Samen in mir,
und Euer natürliches Wachstum
und Eure evolutionäre Entwicklung
werden wach gerufen.

In mir wird das Potenzial geweckt,
ein Schoß für Eure Entwicklung zu sein.

So entfesseln und zeigen sich gleichzeitig
Euer Potenzial als Samen
für Euer eigenes Wachstum
und mein Potenzial als Schoß.

Dies ist ein gemeinsamer Vorgang,
der in uns beiden die Eigenarten des Individuums stärkt
und zur Wirkung bringt.

Beides wächst:
unsere Intimität miteinander
und unsere Freiheit, wir selbst zu sein.

* * *

Schönheit und Macht

Wir haben einander beide in Schönheit angezogen
und uns so in Schönheit erschaffen.

Was heißt „in Schönheit"?

Es bedeutet, das Innere nach außen zu spiegeln.

Dies ist Schönheit, die,
wenn die Spiegelung zugelassen wird,
Euer Inneres – je tiefer, desto schöner –
nach außen trägt.

Die Natur ist darin makellos;
sie kann gar nicht anders.

„Schönheit“ ist eine schwer zu fassende Qualität. Die Erfahrung von Schönheit tritt oft dann auf, wenn etwas in Ausgeglichenheit und Harmonie mit seiner inneren Natur steht, wodurch wir einen Blick auf seinen Wesenskern erhalten. Schönheit spiegelt also eine Art echter Natürlichkeit – eine in sich ruhende, unverfälschte Präsenz.

Wir erkennen Schönheit an dem Gefühl, das sie in uns erzeugt. Wir würden Schönheit nicht erkennen, wenn Schönheit nicht in uns wäre. Echte, reine Schönheit löst eine Resonanz in uns aus, denn Schönheit berührt unser innerstes Wesen, unsere eigene Wahrhaftigkeit, unsere eigene Schönheit. Im Grunde heißt das, dass unsere innerste Natur schön ist und es diese Schönheit war, die uns zur Erde hingezogen hat – und die Erde zu uns.

Lass uns über Macht sprechen,
denn Macht ist mit Schönheit verwandt.

Man benötigt die Macht der Quelle,
um Macht zu haben.

Alle Macht stammt aus dieser Quelle.

Wenn wir gewöhnlich von Macht sprechen, meinen wir die Macht „über“ etwas. Unsere Zivilisation gründet sich auf

Eroberung und Zerstörung, um Macht zu gewinnen. Beispielswiese gewinnen wir Energie, indem wir komplexe organische Ölmoleküle oder Atomkerne spalten, wobei einfachere Moleküle oder radioaktiver Abfall entstehen, die den Planeten erstikken und vergiften. Doch die Macht, von der hier die Rede ist, hat viel mehr Kraft als jede physische Macht. Schönheit zieht unsere Aufmerksamkeit an, und Aufmerksamkeit ist Macht auf einer ganz anderen Ebene.

Ich verstehe es so, dass die „Quelle", auf die hier Bezug genommen wird, dem innersten Kern von etwas entspricht. Dieser drückt sich als Schönheit aus, wenn er ungestört nach außen gespiegelt wird.

Aber es braucht noch mehr:
Die Schönheit gehört eingespannt.

Mit „eingespannt" meine ich:
in Gebrauch genommen.

Wie „gebraucht" man Schönheit?

Indem man sie zur Wirkung bringt,
indem man sie strahlen lässt.

Indem man darauf besteht,
dass sie strahlen darf.

Die Passage erinnert an das Jesus-Wort, „das Licht nicht unter den Scheffel zu stellen". Eine modernere Version davon könnte einfach lauten „Lass es leuchten"[17].

17 Im englischen Original: „Let it shine"

Diese Forderung
ist eine Eigenschaft der Schönheit,
und ihrer Natur nach ist sie überwältigend.

Schönheit ist ein Samen wahrer Stärke
und wird andere Kräfte versammeln,
wird sie in ihren Dienst bringen.

Im Dienste der Schönheit zu stehen,
ist das Gleiche, wie im Kontakt
mit der eigenen Schönheit zu sein
– oder einfach: Schönheit zu sein.

Wenn Ihr dagegen ankämpft,
und wenn Ihr dagegen kämpft,
im Dienst der Schönheit zu stehen,
dann ist dies eine Verleugnung
oder aktive Abtrennung Eurer Schönheit
aus Scham
– Scham für das, was Ihr getan habt.

Doch Ihr braucht die Scham nur loszulassen;
wenn Ihr Euch davon befreit,
müsst Ihr nichts Weiteres tun.

Ich wollte das mit der Scham genauer wissen:

\+ + +

Ihr könnt Euch von Scham nur befreien,
wenn Ihr wisst, wofür Ihr Euch schämt.

Selbst Eure christliche Mythologie
beginnt mit einer Erzählung,

in der es beschämend ist,
Wissen zu erlangen
und sich der Sexualität zu erfreuen.

Hier liegt der tiefste Grund für Eure Abtrennung,
und es gilt, ihn völlig aufzugeben.

Dieser Akt des Aufgebens
ist ein Akt der Kraft.

Die Tiefe dieser Verdammnis
lässt sich kaum überzeichnen.

Die Dinge, die Ihr getan habt
und für die Ihr Euch schämt,
haben letztlich allesamt mit Eurer Scham
gegenüber der Sexualität zu tun.

Es ist die Scham wegen Eurer Wurzeln,
des Vorgangs, durch den Ihr auf die Erde gekommen seid
und Euch der Lebensfunke gegeben wurde,
der Euch zu Handlungen getrieben hat,
die Ihr verdammt.

So lang Ihr die Energien und den Akt verdammt,
durch den Ihr körperliche Form angenommen habt,
wird Eure Verbindung zur zeitlosen
und gestaltlosen Dimension Eurer selbst verzerrt sein.

Jede Verdammnis,
Eurer selbst oder anderer,
setzt Euch herab.

Die Privatisierung und Verdammung eines natürlichen Vorgangs, der in der Natur allgegenwärtig ist, hat uns dazu gebracht, eine der aufregendsten Quellen der Freude in unserem Leben einzudämmen. Unter anderem in der westlichen Kulturgeschichte haben wir die Sexualität lange Zeit derart abgelehnt und unterdrückt, dass wir sie heute nur selten mit wahrer Schönheit in Verbindung bringen und sie statt dessen oft als etwas Verbotenes, „Schlechtes" oder „Unanständiges" ansehen. Die Bilder unserer Genitalien während des Liebesaktes und die Geräusche dabei gelten nur selten als schön.

Es ist kein Zufall, dass wir das Wort „Schmutz" häufig benutzen, wenn wir den Erdboden meinen, und viele von uns haben in der frühesten Kindheit gelernt, dass Sexualität etwas „Schmutziges" ist – bis an den Punkt, dass selbst der Gebrauch sexueller Begriffe gleichbedeutend ist mit „etwas Schmutziges sagen". Um die Scham zu überwinden, die für uns als Spezies mit der Sexualität verbunden ist, reduzieren wir sie oftmals auf einen oberflächlichen, mechanischen Prozess, dem es an Bewusstheit, Tiefe und Herz fehlt. Oder wir legitimieren sie durch Liebeskitsch, weil wir glauben, dass ihr kein eigener Wert zukommt.

In dem obigen Passus spricht die Erde von der „zeitlosen und gestaltlosen Dimension" unserer selbst. Nehmen wir an, dass wir auf irgendeine „zeitlose und gestaltlose" Weise existieren. Der Liebesakt ist jenes Ereignis, wodurch wir gezeugt werden und körperliche Form annehmen. Wenn wir ihn verdammen, würden wir dann gleichzeitig unsere innere Verbindung zu dieser gestaltlosen „Dimension" unserer selbst stören.

* * *

Auf der Erde sein

Wenn Ihr die Worte „auf der Erde sein“ benutzt,
ist mehr als ein bloßer Zustand gemeint.

Allein die Tatsache, hier zu sein,
ist eine dynamische Öffnung.

Ständig verschmelzen Energieformen miteinander,
werden Einblicke gewonnen;
ein enger Tanz vollzieht sich,
eine Art Pirouette.

Ich sage Pirouette,
weil dies auf eine Art
ein Wirbel von Energiefeldern ist,
die sich durchdringen
und fühlend annähern.

Die Erde benützt hier Begriffe wie „Energieformen“ und „Energiefelder“ die miteinander verschmelzen oder wirbeln, sogar wenn es nur um einen Vorgang wie das einfache Dasein auf Erden geht. Dies klingt zuerst merkwürdig, da wir solche „Energiebewegungen“ normalerweise nicht wahrnehmen. Es entsteht das Bild, dass wir energetische Wesen sind, und dass wir unsichtbare Energien ausstrahlen, die in ständigem Austausch mit den Energien unserer Umgebung stehen. Die Wissenschaft erkennt diese Sichtweise insofern an, als dass unsere Körper ununterbrochen elektromagnetische Schwingungen aussenden, die mit denen der Erde in Wechselwirkung stehen.

Was einmal ein untrennbarer,
recht unbewusster Tanz war,
ist ein schüchternes, zögerliches
aufeinander Zubewegen, Berühren,
sich Zurückziehen und wieder Vermengen geworden
– Vorspiel zum Liebesakt,
wenn es widerstandslos geschieht,
ungelenkes Ärgernis, wenn voller Widerstand.

Die Erde wird Euch dann zum Ärgernis,
und Ihr werdet ein Ärgernis für die Erde.

Dies also steht zur Wahl.

Durch die Jahrtausende hinweg waren Menschen in wesentlich engerem Kontakt mit der Erde und ihren Kräften als der moderne Mensch heutzutage. Wir waren auf eine Art Kinder der Erde, und jetzt sind wir Jugendliche, die Erwachsene werden wollen. Die Worte, die die Erde wählt, um das allmähliche Zusammenkommen von Mensch und Erde zu beschreiben, geben den Unterschied von Kindern und Jugendlichen wieder. Kinder, die miteinander spielen, vollziehen einen unbefangenen, spontanen „Tanz", während Jugendliche in der Pubertät sich oft schüchtern und zögerlich aufeinander zubewegen und berühren.

Dasein, oder einfach: da zu sein, ist ein Vorgang. Wir können weder die Vorgänge in unserem eigenen Organismus anhalten noch das Zusammenspiel mit unserer Umwelt, einschließlich der energetischen Prozesse der Erde – nicht einmal für den Bruchteil einer Sekunde. Hier aber wird Dasein auf den Status eines äußerst aktiven Vorgangs angehoben, der, wenn er nicht gestört wird, als „Vorspiel zum Liebesakt" beschrieben ist. Was das heißen könnte, wird im nächsten Kapitel, in dem es um die sexuelle Natur der Erde geht, etwas deutlicher.

Doch zunächst einmal, um sicher zu gehen: Sagt die Erde, dass wir als Individuen und im Kollektiv ständig im aktiven Zusammenspiel mit der Erde stehen, auf eine Art, die den meisten von uns in keiner Weise bewusst ist?

+ + +

Ja. Ihr würdet das verstehen,
wenn Ihr all die Formen
des Energietauschs sehen könntet,
in die wir ständig einbezogen sind.

All diese Formen
des Austauschs haben Gehalt,
aber sie vollziehen sich unterhalb
Eurer alltäglichen Aufmerksamkeitsschwelle.

Dass wir dauernd Dinge „tun“, die unterhalb unserer Aufmerksamkeitsschwelle liegen, wurde mir eindrücklich klar, als mein Herz einmal medizinisch untersucht werden sollte. Durch meine Adern wurde ein Katheter mit einer Kamera zur Beobachtung meines Herzens eingeführt. Ich konnte mein schlagendes Herz in Echtzeit auf einem Bildschirm sehen. Da ich das Gefühl hatte, „nichts zu tun“, war ich verblüfft über die Kraft und Vitalität, mit der das Herz fortwährend schlug, und ich fragte mich: „Wer pumpt denn hier?“ Ich konnte mir im Leben nicht vorstellen, dass ich selbst es war, der irgendwie das Blut durch meinen Körper pumpte. Doch wenn nicht ich, wer dann?

* * *

Dasein kann ein hoher Zustand werden,
der dem Vorgang des Aufwachens verwandt ist.

Wenn ich Aufwachen sage,
meine ich nicht den Wechsel
von einer Wirklichkeit in eine andere.

Ich meine damit,
ein Licht auf die Wirklichkeit,
in der Ihr Euch befindet, zu werfen
– den Strahl Eures Gewahrseins einzuschalten.

Dies bedeutet,
Vertrauen in Eure Sinne zu haben,
ein Gefühl des in Freiheit Getrenntseins
und doch Verbundenseins in Intimität.

So schließt sich der Kreis der Lebendigkeit,
und es öffnet sich die Tür
zur Aussicht auf ein erfülltes Leben.

Diese Aussichten sind nicht weniger
als das Erschaffen Eures Lebens
auf der Erde und seiner Folgen.

Zur Zeit ist die Lage so,
dass Ihr unentschlossen seid;
Ihr lasst die Tür offen,
fallt dabei blind schneller und schneller,
und müsst auf das vertrauen,
was Ihr nicht kennt,
da Ihr Eure Augen nicht öffnet;
und doch vertraut ihr nicht,

da Ihr die bestimmende Kraft
des Vertrauens vergessen habt.

Ich habe manches Mal das Gefühl gehabt, dass wir unser Leben wie Fahrgäste auf dem Rücksitz eines Autos leben, eine Straße entlangfahren und mit unseren Freunden reden. Plötzlich merken wir, dass das Auto beschleunigt; und beim Aufschauen wird uns klar, dass niemand am Steuer sitzt. Was ich die Erde sagen höre: Wir alle sitzen auf dem Fahrersitz, und indem wir unsere Augen öffnen und unsere Aufmerksamkeit auf unsere Sinne richten und lernen, ihnen zu vertrauen, können wir den Autopiloten abschalten und unser Leben bewusster erschaffen.

Vertrauen ist nicht
das passive Zulassen dessen,
was einfach geschieht.

Es bedeutet, Verantwortung
für das, was geschieht, zu übernehmen,
indem man darauf besteht
und die Zuversicht ausstrahlt,
dass man angenommen wird.

Oft verbinden wir Vertrauen mit nichts tun, worin sogar eine Art von Fatalismus mitschwingen kann. Vertrauen, wie es hier gemeint ist, ist ein aktiver, kommunikativer Vorgang, Interaktion. Wenn wir vertrauen, kommt dies aus einem tiefen und verletzlichen Punkt in uns. Wir gehen aus der Deckung und sprechen aus unserem Wesenskern heraus zu dem Wesenskern, dem wir vertrauen. Wenn wir der Erde vertrauen, verbinden wir uns mit dem Herzen der Erde. Wir berühren die Erde.

Vertrauen ist nicht Glauben
im alten Sinn des Wortes.

Es ist Kennenlernen durch Berührung.

Eure „normale" Art des Vertrauens
muss verdient werden.

Das heißt,
dass Ihr Eure schöpferische Kraft
nicht in Euer Vertrauen einfließen lasst.

Dies ist keine Folge von Furcht.

Es ist eine Folge der Unkenntnis
der wirklichkeitsschaffenden Macht
des Vertrauens.

Jeder Tag ist ein neuer Tag

Jeder Tag ist für mich ein neuer Tag.

Auf den ersten Blick klingt dieser Satz wie eine bloße Redewendung. Die Erde als Ganzes kennt weder Tagesbeginn noch Tagesende. Irgendwo auf der Erde ist immer Morgen, Mittag oder Abend. Andererseits hat jeder Punkt auf der Erde einen klar abgegrenzten Tag.

Natürlich ist jeder Tag ein neuer Tag, denn heute ist nicht gestern. Aber selten lassen wir wirklich Neues in unseren Alltag. Wir neigen dazu, stärker auf Veränderungen, die aus sich heraus geschehen, zu reagieren, als selbst aktiv zu werden; und die Dinge, die wir tun, sind in ihrer Reichweite meist ziemlich voraussehbar. Selten nur suchen wir das Unbekannte, obwohl genau hier ein Großteil unseres Daseins seine Heimat hat. Da es uns an Intimität zu uns selbst fehlt und weil wir oft das Unbekannte in uns fürchten, gestatten wir unserer inneren Freiheit meistens nur enge Grenzen.

Die zyklische Natur der Dinge
ist keine Wiederholung;
sie ist die Beständigkeit im Wandel.

Es kann keinen Wandel
ohne Beständigkeit geben.

Wir leben in einer Welt voller Zyklen und Rhythmen. Jedes Atom und jede Galaxis vollzieht wiederkehrende Kreisbewegungen. Die Sonne hat ihre Zyklen, und die Jahreszeiten auf der Erde sind zyklisch; so auch jeder unserer Atemzüge und Herzschläge sowie die Rhythmen von Wachen und Schlafen. „Das einzig Beständige ist der Wandel“ lautet die bekannte Aussage des griechischen Philosophen Heraklit.

Hier wird nun das Gegenteil betont: Es kann kein Wandel ohne Beständigkeit geben, da jeder Wandel voraussetzt, dass es etwas zu Wandelndes gibt.

Wahre Beständigkeit
ist gegenüber dem Wandel offen.

Wenn also die Sonne aufgeht,
ist es wirklich ein vollkommen neuer Tag.

Wenn Ihr dies deutlich genug seht,
könnt Ihr alles verändern.

Für mich bedeutet das: Wenn wir in der Gegenwart vollkommen lebendig sind, können wir uns von den Verstrickungen der Vergangenheit befreien, auch von unseren alten Glaubenssystemen. Wenn wir dann die Gesamtheit unseres Daseins umarmen, können wir der Zukunft jede Richtung geben, die wir uns wirklich wünschen.

Wenn ich mich ausdehne,
zieht Ihr Euch zusammen,
und umgekehrt.

Spirituell betrachtet:
Wenn ich mich kraftvoll bewege,
zieht Ihr Euch auf Euer Wesen zusammen;
Ihr werdet wesentlich.

In den ruhigeren Zeiten meines Lebens
seid Ihr es dann, die sich ausdehnen.

Wenn man ein Erdbeben als Beispiel nimmt (wenn die Erde sich also „bewegt“), werden wir auf unser menschliches Wesen reduziert und benehmen uns anders als sonst. Im Angesicht von Katastrophen kommen wir oft als eins zusammen. Sogar uralte Feindschaften können dann beiseite gelegt werden. Aber auch in Zeiten positiver Umbrüche werden wir wesentlich, wenn wir uns verlieben, von einer schweren Krankheit genesen, geliebte Menschen wiedersehen, von denen wir lange Zeit getrennt waren, oder unser neugeborenes Kind zum ersten Mal in den Armen halten.

Interaktionen zwischen Erde und Menschen

Ich pulsiere die ganze Zeit,
und Kraftströme zirkulieren in mir.

Ihr wisst, dass meine Aura
sich weit in die Atmosphäre
und das All erstreckt.

Das also bin ich;
seht mich nicht
auf das Körperliche beschränkt.

Ihr lebt in mir
– in einer Umwelt voller Spannungen.

Ihr könnt mich die ganze Zeit hören.

Die Wissenschaft sagt uns, dass wir Menschen elektromagnetische Wesen sind. Die elektrischen Ströme in unserem Gehirn und jeder einzelnen Zelle erzeugen ein magnetisches Feld, das sich mehrere Meter von unserem Körper entfernt messen und analysieren lässt. Unser Bewusstsein, unsere Gedanken und Gefühle stehen damit in Verbindung. Mit jedem unserer Gedanken breiten sich elektromagnetische Wellen aus, und jede Zelle in unserem Körper ist von einem pulsierenden elektromagnetischen Feld umgeben.

Seit dem ersten Auftreten von Leben sind alle Lebewesen an das natürliche magnetische Feld der Erde gebunden. (Ob mit „Aura" dieses elektromagnetische Feld der Erde oder verwandte

Phänomene gemeint sind, bleibt hier offen.) Die Vorgänge innerhalb der Erde, wie beispielsweise der ständige Kreislauf geschmolzenen Eisens, aus dem das Erdinnere zu einem großen Teil besteht, erzeugen elektromagnetische Felder, die sich fortwährend verändern und eine unmittelbare Wirkung auf jede Zelle in unserem Körper haben. Dieses sich stetig wandelnde elektromagnetische Feld war der Auslöser für große Veränderungen des Lebens auf der Erde. Weil wir diese Felder nicht mit unseren Augen sehen können, bringen wir Veränderungen auf unserer biologischen, emotionalen oder mentalen Ebene nicht mit unseren Interaktionen mit der Erde in Verbindung. Es scheint, als ob unser Leben und Erleben Kräften ausgesetzt ist, die eine tiefgehende Wirkung auf uns haben. Sie hätten ihren Ursprung nicht in uns, sondern wären Ergebnis eines Wechselspiels mit den Feldern der Erde.

Einmal während meiner Unterredungen mit der Erde zog sich das Gespräch auf dem Berg in Arizona ziemlich in die Länge. Es wurde spät und die Dämmerung setzte ein. Ich kam auf die Idee, mich hinzulegen und mich aus dem Blickwinkel der Erde zu betrachten. Ich stellte mir vor, in das Zentrum der Erde hinabzusinken und von dieser Perspektive aus mich selbst von unten auf dem Berg zu betrachten, wie ich dort lag. Gerade als ich so tief eingesunken war, wie mir möglich schien, schreckte mich ein Geräusch auf, das mir das Blut in den Adern gefrieren ließ: das laute Rasseln einer Klapperschlange, etwa einen Meter von meinem Kopf entfernt. Ich hatte mich schon oft in den Wüsten Arizonas aufgehalten und kannte das Geräusch nur allzu gut.

Instinktiv schoss mein Körper hoch, weg von dem Geräusch, und ich atmete auf, weil ich nicht gebissen worden war. Es war mittlerweile noch dunkler geworden, und ich konnte die Schlange nicht sehen. Fluchtartig verließ ich die Szene, wobei ich meine Brille liegen ließ, tastete mich den Berg hinab und fragte mich, was geschehen war. Ein paar Tage später kehrte ich zurück, fand meine Brille verdreckt, aber noch unversehrt, und nahm wieder Verbindung mit der Erde auf. Sie teilte mir mit, dass mein Herabsinken in die Erde die Klapperschlange irritiert habe. Diese sei mit jeder Faser auf die Erde eingestellt. Meine Tat hätte eine dermaßen reale Komponente gehabt, dass die Klapperschlange mich als Eindringling in ihr Territorium betrachtet habe. Deshalb gab sie ihre Warnung ab. Eine ziemlich strenge Art, diese Lektion zu lernen, aber eine, die ich niemals vergessen werde. Nächstes Mal werde ich mich vorstellen, bevor ich einfach so in Richtung Erdmittelpunkt lostrample.

Lass uns darüber reden,
wie wir miteinander
in einem tieferen Wechselspiel stehen,
unser Liebestanz, wenn Ihr so wollt.

Wenn Ihr Eurem Alltag nachgeht,
bemerkt Ihr mich nicht
– das ist normal.

Aber es ist lediglich normal,
wenn Ihr gegenüber einem großen Teil
Eurer selbst schlaft[18].

Dass wir auf der Erde leben, ist so sehr Teil unserer existenziellen Rahmenbedingungen, dass wir es nicht bemerken. In unserem Alltag verschwenden wir selten einen Gedanken daran.

18 Im Original steht hier: „... asleep to a large part of yourself." „Asleep to" ist im Englischen eine übliche Redeweise für das nicht Wahrnehmen von etwas.

Wir haben genug andere Dinge, von denen wir meinen, dass sie unserer Aufmerksamkeit bedürfen. Wenn man uns bitten würde, die allgegenwärtige Erde zu „bemerken“, wüssten wir nicht einmal, wo wir anfangen sollten, denn da scheint nichts zu sein, was sich bemerken ließe.

Aber nehmen wir uns wirklich die Zeit und bringen wir die nötige Aufmerksamkeit auf, um diese Anwesenheit wenigstens im Ansatz zu spüren? Ist es möglich, etwas zu spüren, dass so allgegenwärtig wie das Wasser für einen Fisch ist? Ja, es ist möglich. Wenn wir aufmerksam sind, bemerken wir die Luft um uns herum, und wir bemerken die Schwerkraft. Die Erde sagt, dass wir auch viele der Erdfelder bemerken können, denn wir haben gleichermaßen innere wie äußere Sinne; wir sind bloß nicht gewohnt, auf unsere inneren Sinne zu achten. Und genauso wenig sind wir gewohnt, gegenüber der Möglichkeit aufgeschlossen zu sein, dass die Erde mit uns kommuniziert.

Dieser Schlaf ist wie ein Umhang,
den Ihr umlegt.

Wenn Ihr ihn im Moment des Aufwachens
nicht anhabt, bemüht Ihr Euch,
ihn schnell anzuziehen.

Ihr tut dies hauptsächlich,
um angepasst zu sein,
normal zu sein.

Ihr könnt und müsst diese Normalität
in eine andere verwandeln.

Um mehr Klarheit zu bekommen, fragte ich die Erde: „Sind wir uns also (manchmal) während des Schlafs der Erde bewusst? Behalten wir dieses Bewusstsein manchmal im Wachzustand und ‚schlafen dann ein', indem wir es unterdrücken?" Die Antwort darauf lautete dreimal „Ja".

Ich bitte Euch nicht darum,
nicht angepasst sein zu wollen,
nicht auf derselben Wellenlänge
mit anderen sein zu wollen.

Ich bitte Euch darum,
Euch gegenseitig bei der Anhebung
zu Eurem höchsten Potenzial zu helfen
– denn in diese Richtung treibt Ihr letztlich ohnehin.

Ja, es ist eine Art von Treiben,
so wie man von einer Welle getragen wird.

Wenn Ihr Euch dagegenstemmt,
indem Ihr Euch am Meeresgrund festhaltet,
werdet Ihr ganz natürlich
entweder loslassen oder ertrinken.

Die Welle seid Ihr, Ihr selbst,
die Ihr darauf besteht,
dass Euer Bewusstsein
mehr von Euch umfasst.

Niemand also außer Ihr selbst zwingt Euch.

Eure Leben auf der Erde

Ich möchte, dass Ihr in die Vergangenheit schaut,
denn sie enthält den Schlüssel für die Zukunft.

Wenn Ihr in der Vergangenheit
Euren Weg gegangen seid, egal welchen,
habt Ihr fast immer den Blick
auf die Angelegenheiten des Menschen gerichtet.

Eure Zeit in der Natur war „Freizeit",
„Extrazeit", über die nicht viel gesprochen wurde.

Diejenigen, die viel Zeit in der Natur verbrachten,
galten als weniger wichtig,
weil sie wenig mit anderen Menschen zu tun hatten,
und man betrachtete sie oft,
als lebten sie im leichtfertigen Luxus.

Auf eine Art stimmt das,
denn Luxus und Leichtfertigkeit
gehören zu meinem Tanz mit Euch.

Aber es ist nicht leichtfertig
im Sinne von unbedeutend;
denn Schönheit hat die Macht,
jede andere Kraft im Universum
hinter sich zu scharen.

Als Ihr von der Erde
als Eurer Heimat gedacht habt,
habt Ihr die Eigenschaften von Heimat hinzugefügt,
die Eure Seele für möglich hielt.

Niemals waren es Eure eigentlichen Leben,
die von Minute zu Minute Eure Heimat waren,
denn unter der Oberfläche
habt Ihr verzweifelt gelitten.

Sogar Eure glücklichsten Stunden
waren wie das Glück bei der Linderung
oder Ablenkung von Schmerz.

Zeichnet die Erde hier nicht ein schrecklich negatives Bild von unserem Leben auf der Erde? Das hängt wohl davon ab, was wir als Maßstab heranziehen. Menschen neigen dazu, das Leben, so wie es ist, zu akzeptieren; nach einer Weile sehen sie alles als normal an. Das Leben im Gefängnis wird nach einer Weile zur Normalität – es gibt sogar Berichte von Gefangenen aus den Konzentrationslagern der Nazis, bei denen sich nach einer Weile ein Gefühl von Normalität einstellte.

Wir haben uns von der Quelle, wer wir wirklich sind, selbst abgeschnitten und vergessen, woher wir stammen. Wir fürchten die Zukunft, die immer schneller und in unkontrollierbarer Weise auf bedrohliche Umwälzungen zuzusteuern scheint, auf Kriege, Naturkatastrophen, den Zusammenbruch unseres Finanzsystems und auf einen dramatischen Klimawandel. Wir sind davon überzeugt, dass Schmerzen, Leiden und Tod ein untrennbarer Teil der menschlichen Existenz sind. Deshalb quält uns subtil tatsächlich verzweifeltes Leid.

Trotzdem reagierte ich auf diese Aussage der Erde mit gemischten Gefühlen. Sie erinnert an die Aussagen der katholischen Kirche, dass wir alle von Geburt an sündige Wesen sind. Was will sie uns da einreden? Sicher, eine nüchterne Einschätzung der Tatsachen ist eine wichtige Voraussetzung, um etwas zu verändern. Aber sind solche negativen Aussagen überhaupt hilfreich? Sogar wenn es wahr wäre – wir haben es schwer genug und machen uns Mühe, das Leben von seiner positiven Seite zu sehen. Ist es nicht zudem anmaßend, pauschal zu behaupten, dass wir alle unter der Oberfläche verzweifelt leiden?

Wenn ich zurückschaue und an meine glücklichsten Stunden denke, an die Zeit der ersten Verliebtheit, an die darauf folgenden Tage und Monate, dann erinnere ich mich an den Überschwang der Gefühle, der mich morgens aus dem Bett trieb und mich freudig erwarten ließ, was der Tag wohl bringen würde. Nichts davon fühlte sich wie das Glück bei der Linderung oder Ablenkung von Schmerz an. Ich befragte die Erde dazu.

+ + +

Unterschätze nicht die Intensität
der Linderung von Schmerz.

Sie kann gewaltige Kräfte freisetzen.

Doch das Glück, das daraus erwächst
ist nicht von Dauer.

Wenn ich das mit großer Ruhe betrachte und darüber nachdenke, hat dieser Standpunkt der Erde einiges für sich. Wir Menschen haben die Welt für tot erklärt. Aber wenn wir tatsächlich in einer belebten Welt leben – in einer Welt, in der es normal wäre, zum Beispiel telepathisch miteinander zu kommunizieren, auch mit Tieren, Pflanzen und der Erde, in der wir nichts zu verstecken hätten; in einer Welt, die geschaffen wurde, frei zu sein von Schuld und Scham, von Angst und Vorwurf; in einer Welt, die den Entwurf von innerem und äußerem Frieden in sich trägt, voller Wunder, Staunen und Begeisterung – dann sind unsere glücklichsten Stunden tatsächlich wie das Glück bei der Linderung von Schmerz.

* * *

Die wahrhaft süßen Teile
habt Ihr im Nachhinein hinzugefügt.

Viele Menschen, die auf ihr Leben zurückblicken, haben ein großes Gefühl von Dankbarkeit gegenüber allem, was sie erleben durften. Es ist schön, wenn dies geschieht. Doch die Erde sagt, dass wir dieses Gefühl im Nachhinein hinzufügen, denn in den meisten Momenten unseres Lebens war ein solches Dankbarkeitsgefühl die Ausnahme, und nicht die Regel.

Ihr umgabt Euch mit einer Geschichte,
die Euch auf süße Weise mit Sinn erfüllte,
um den Schmerz des Momentes
erträglicher zu machen,
weil es Sinn ergab.

Und Sinn war für Euch entscheidend.

Ihr konntet Sinnlosigkeit nicht ertragen,
da Ihr Euch selbst nicht kanntet.

Darum habt Ihr Euch selbst nicht vertraut.

Nein, wir kennen uns selbst nicht wirklich. Wir haben keine Erinnerung daran, wie wir gezeugt wurden, und kaum jemand kann sich daran erinnern, wie er geboren wurde. Wir wissen nicht, ob wir früher gelebt haben; wir wissen nicht, wo wir sind, wenn wir schlafen, und wir wissen nicht, dass wir träumen, wenn wir träumen; wir wissen nicht, was in unserem Körper vorgeht, außer jemand anders sagt es uns oder etwas tut uns weh; wir betrachten Krankheit als etwas Unbekanntes, das uns jeden Augenblick treffen kann; und wir fürchten Einsamkeit und Tod.

Je bewusster Ihr Euch Eurer selbst
als unabhängiger, durstiger Wesen wurdet,
desto unverbundener wurdet Ihr.

Die wissenschaftliche Revolution und die sogenannte mechanistische Philosophie, die gegen Ende der Renaissance entstand, sprach der Natur eine Zielrichtung, sowie jegliches Empfindungsvermögen und jede Intelligenz ab, so auch der Erde. Die Verdinglichung unserer Umwelt, die Hand in Hand mit einer Weltsicht ging, die allein auf die quantitative Messbarkeit setzte, hat unsere Trennung von der Natur und der Erde verstärkt. Als wir diese Verdinglichung auf uns selbst und unseren Körper übertragen haben, hat sich unser bewusstes Selbst noch weiter von seiner eigenen Natur entfernt.

Und so habt Ihr einen Ausweg gesucht.

Viele flohen rückwärts
in die Zeit der Verbundenheit mit der Erde
– aber es fehlte ihnen an Eigenständigkeit
und damit an Freiheit.

Sie bestellen noch immer das Land
in einer Demut, die wunderschön ist,

doch nur bis Ihr seht,
dass eine Art innerer Dunkelheit nötig war,
um diese „Unschuld" beizubehalten.

Die Unschuld, die Ihr sucht,
kommt von woanders und kann nicht
durch einen Weg zurück erkauft werden.

Dies ist ein kritischer Wendepunkt,
einer, über den viele eingeborene Völker
nur schwerlich hinausgehen können.

Es gibt ein verbreitetes Bild der Menschheitsgeschichte, das die Menschen in der Vergangenheit als unschuldig, naturverbunden und uneigenständig beschreibt und die lichte Gegenwart als Zeitalter der Freiheit und Vernunft. Die „Dunkelheit", von der hier aber die Rede ist, ist nicht eine solche angebliche Dunkelheit früherer Zeiten. Eine andere Dunkelheit ist gemeint: Jene, die nötig ist, um die eigene individuelle oder kollektive Entwicklung zu leugnen. Man versucht sich im Inneren davon abzuschotten, wer man heute ist.

Als ich damals die Formulierung „eingeborene Völker" hörte, dachte ich an jene zahlreichen Kulturen die durch Kolonisation und Gewalt aus ihrer tradierten Lebensweise gerissen worden sind. Nicht selten gibt es dort eine Sehnsucht, in die guten alten Zeiten zurückzukehren, als ob sie die eigene jüngste Vergangenheit einfach nur beiseite legen könnten.

Hinzu kommen jene Bewegungen in der westlichen Gesellschaft, die einen Ausstieg aus der Zivilisation und ein „zurück zur Natur" anstreben. Dazu hatte ich eine Frage an die Erde:

„Sind es nicht nur sehr wenige Menschen, die ausgestiegen sind und das Land bestellen, so wie Du es beschreibst? Sind die meisten Leute nicht einfach zu sehr in ihr Alltagsleben verstrickt?“

\+ + +

Ja, doch Ihr macht dies auch auf andere Weisen.

Wenn Ihr Verbundenheit sucht,
wollt Ihr oft in die Vergangenheit zurückkehren,
in der Ihr, zumindest im Rückblick,
auf eine Art gelebt habt,
die Euch verbundener vorkommt.

In die Vergangenheit zurückzugehen
und sich mit ihr zu verbinden,
muss ein Sprungbrett in die Gegenwart
und somit eine Öffnung
gegenüber der Zukunft sein.

Es ist die Gegenwart,
in der Ihr die Zukunft berührt.

Doch Ihr müsst die Vergangenheit sehen,
sonst werdet Ihr niemals erkennen,
dass Ihr an die Vergangenheit gekettet seid,
ob sie nun gut oder schlecht war.

Diese Ketten sind nichts Schlechtes;
aber Euer Versuch, Ihnen zu entfliehen,
sie nicht als Realität zu akzeptieren,

macht sie für Euch als das unkenntlich,
was sie sind:
Pfade zur Freiheit und letztlich
Tore in eine erfüllte Zukunft.

* * *

Kapitel 6

Die Erde und ihre energetische Struktur

Der Herzschlag der Erde

In einigen Unterredungen bekam ich von der Erde nicht nur verbale Aussagen mitgeteilt, sondern auch Bilder. Einmal wurde mir die Erde von oben gezeigt: Um den Nordpol herum traten Lichter heraus, die ich als pulsierende Energieströme wahrnahm.

Dies ist mein Herzschlag,
und jedes Wesen auf der Erde spürt ihn.

Ich bin auf eine Weise stolz darauf,
in dem Sinn,
dass er mich hochträgt.

Dieser Puls richtet mich auf;
er rinnt in jeden Teil der Erde.

Wenn Ihr zu Hause sitzt und meditiert,
meditiert Ihr mit mir.

Ihr könnt nicht anders,
wenn Ihr zur Ruhe kommt.

Wir pulsieren dann im Gleichklang,
und auf eine Weise sind wir ein vereintes Wesen.

Unsere Ströme durchdringen sich auf das Schönste.

Aber diese Schönheit
will sich auch Ausdruck verschaffen
in gegenseitiger Anerkennung
und gegenseitigem Sehen.

Ihr mögt es nicht glauben,
aber wenn Ihr begreift
– eigentlich wiederentdeckt –,
dass ich Euch sehe,
wird es Euch von Grund auf verändern.

Eines Tages, nachdem ich mich tief auf die Erde eingestimmt hatte, sagte sie mir: „Du bist in meinem Herzen." Zuerst hielt ich das bloß für eine Redewendung, doch dann wurde mir klar, dass es wörtlich gemeint war. Wenn die Erde einen Puls und Herzschlag hat, auf den wir uns einstimmen können, sind wir auf gewisse Weise wirklich „im Herzen der Erde".

Die Erde und Sexualität

Ich möchte über die Beziehung
von Mann und Frau sprechen
im Hinblick auf mich, die Erde.

Auch wenn diese Einleitung sich auf Mann und Frau bezieht, glaube ich, dass die folgenden Aussagen in diesem Abschnitt unabhängig von sexuellen Präferenzen gemeint sind und auch keine sexuellen Präferenzen nahelegen wollen.

Ich bin ein sexuelles Wesen,
wenn auch nicht auf die Weise,
wie sich die meisten Menschen Sex vorstellen.

Mein Wesen ist sexuell,
und jeder Stein
und jede Landschaft ist sexuell.

Auf machtvolle Weise sexuell.

Von Menschen, die viel Zeit alleine in der Natur verbracht haben, habe ich oft Berichte gehört, dass sie immer wieder die Natur, wie auch ganze Landschaften, als hoch erotisch und sexuell erlebt haben. Ihr Erlebnis hatte unmittelbar Auswirkung auf ihre eigene Lust und Sinnlichkeit. Während meiner langen Ausflüge in der Wüste Arizonas ist es mir gelegentlich ähnlich ergangen, dass ich die umgebende Landschaft als erotisch aufgeladen empfunden habe.

Wenn wir beginnen, beispielsweise die Sonne, den Wind oder das Meer als sexuell wahrzunehmen, kann dies uns auch einen neuen Blick auf die sexuelle Begegnung lehren. Wir können Abstand nehmen von jenen Schönheitsidealen, die uns die Gesellschaft einprägt, und stattdessen dem folgen, was in uns wie eine Klaviersaite anklingt.

Wir [19] senden Euch dies die ganze Zeit;
da wir wollen, dass Ihr wach werdet
für ein ganz neues sexuelles Dasein.

Bisher geschieht dies nur vereinzelt.

Ich möchte, dass wir diesen Aspekt
gleich von Anfang an berücksichtigen,
denn er ist ein wesentlicher Teil
unserer intimen Verbindung.

Es verlangt bereits ein gutes Stück Phantasie, uns bewusst auf den Gedanken einzulassen, dass die Erde lebt, ein Bewusstsein und ein Empfindungsvermögen hat. Noch mehr fordert uns die Vorstellung heraus, dass sie zudem ein sexuelles Wesen ist. Dies fällt uns wohl so schwer, weil wir Sexualität entweder mit biologischer Fortpflanzung in Verbindung bringen oder sie als Privatsphäre unseres Lebens betrachten, die kaum Berührungspunkte mit Dingen außerhalb dieses persönlichen Bereichs hat.

Wie am Anfang dieses Buches erwähnt wurde, sollten wir auch in Betracht ziehen, dass hier nur in metaphorischer Weise von Sexualität die Rede ist. Die Erde sagt ja selbst, dass hier nicht jene Sexualität gemeint ist, „wie sich die meisten Menschen Sex vorstellen“.

Und dennoch haben viele Kulturen die Erde selbst als zutiefst sexuelles Wesen betrachtet. Beispielsweise hatten einige erdverbundene Naturreligionen Rituale, bei denen ein zeremoniell inszenierter Liebesakt dazu diente, das Land

19 „Wir“ bezieht sich hier auf die Erde, aber auch auf die gesamte Natur in all ihren Erscheinungsformen.

fruchtbarer zu machen, und in antiken Religionen galt Sexualität oft als Teil der Feier des Lebens. In manchen Kulturen wurde und wird sie auch als ein wichtiger Weg gesehen, das eigene Bewusstsein weiterzuentwickeln und sich mit der spirituellen Welt zu verbinden.

Aber Sexualität ist nicht auf die sexuelle Begegnung beschränkt, sei sie zwischen Mann und Frau, Mann und Mann oder Frau und Frau. Sie wurzelt in der Tiefe der Existenz an sich. Wenn wir Sexualität als das Wechselspiel des männlichen und weiblichen Prinzips betrachten, dann vollziehen sich entsprechende Vorgänge fortwährend im Herzen jedes Atoms und jeder Galaxis, zwischen der Sonne und der Erde und in jedem einzelnen Vorgang in der Natur. Laut der Erde ist dies der Bereich, in dem sich der Mensch am tiefsten von seinem Kern getrennt hat.

„Wach zu werden für ein ganz neues sexuelles Dasein" heißt für mich, dass wir jenseits von unseren jeweiligen Interaktionen mit anderen Menschen, einen neuen Grundzustand erlangen können, in dem jede Zelle unseres Körpers, erotisch offener und sexuell lebendiger ist.

Meine Sexualität verläuft in Wellen.

Sowohl das Muster der Energien,
die mich durchströmen, als auch der Strom selbst,
die Energien selbst, haben einen sexuellen Ursprung
und sind Ausdruck einer sexuellen Suche.

Sie werden angezogen von anderen
sexuell ausgerichteten, beabsichtigten
oder bewusst aufregenden Energien.

Wenn Ihr also erregt seid
oder nur begeistert, schöpferisch und überschwänglich,
steige ich, die Erde, immer auf,
um Euren Energien zu begegnen
und mich mit ihnen zu vermischen.

Ihr werdet merken,
dass Sex auf anderen Planeten
oder im All sehr anders ist
– außer, Ihr zieht das Feld der Erde bewusst an.

Dass ich aufsteige,
um Eurer Begeisterung zu begegnen,
ist Teil dessen,
was Euch für andere anziehend macht.

Das heißt, dass unsere Sexualität durch die Energie der Erde verstärkt wird und sie wirklich bei uns ist, energetisch anwesend ist, wann immer wir sexuell erregt, begeistert oder kreativ sind. Wenn wir uns der Anwesenheit der Erde in unserer Sexualität bewusst werden, eröffnet sich uns eine ganz neue Ebene des sexuellen Daseins. Indem wir uns entspannen und ihre Anwesenheit begrüßen, erlauben wir, sexuellen Energien stärker und ungehinderter durch unsere Körper zu fließen. Wir lassen sie dann mehr von unserem Wesen erfassen. So haben sie die Kraft, uns zu verwandeln, denn sie sind Katalysatoren unserer evolutionären Entwicklung.

Ich verströme dies auch selbst,
und ziehe Euch damit an.

Vulkanausbrüche und Lava
gehören zu dem intensivsten Ausdruck
meiner sexuellen Energie.

Ähnlich auch Stürme,
vor allem Gewitterstürme,
die Euch ebenfalls anziehen.

Auch Tornados
bis hin zu Orkanen gehören dazu,
wenngleich auf einer völlig anderen Ebene.

Die Wellen am Strand
sind auf eine Weise
wie das Züngeln des Wassers.

Sie sind, in ihrer reinsten Form,
das sexuelle, sinnliche Liebesspiel
des Meeres mit dem Land.

Dieser Ort der Begegnung ist etwas ganz Besonderes;
er ist eine äußerst empfindsame Berührungslinie.

Und dann sind da natürlich verschiedene „Kraftplätze"
und Landschaften sowie bestimmte Berge,
die sexuelle Energie verströmen.

Wenn Ihr diese Ebene
der Sexualität in Euch entdeckt,
könnt Ihr Euch sexuell mit mir,
der Erde, so verbinden,
dass Eure Kräfte der Manifestation
ins Enorme wachsen.

In gewissem Sinn ist es auch das,
was Euch an diese Orte
und zu diesen Geschehnissen treibt.

Was ist gemeint mit unseren „Kräften der Manifestation“, und was hat dies mit einer bewussten sexuellen Verbindung mit der Erde zu tun? Die Erde dazu:

\+ + +

Eure Kräfte der Manifestation
sind immer aktiv.

Wenn Ihr einen Wunsch in Euch tragt,
ein Verlangen, eine Absicht, oder einfach ein Bild,
sendet Ihr eine mehr oder weniger präzise Schwingung aus,
erschafft einen Fluss oder baut ein Feld auf,
das auf Eure Umgebung wirkt,
und das die Umstände
für deren Erfüllung oder Manifestation anzieht.

Wenn Ihr dies in Eurem „normalen“ Zustand tut,
hat es begrenzte Wirkung,
weil Ihr, aus verschiedenen Gründen, nicht zulasst,
dass diese Ströme Euer ganzes Wesen erfassen.

Wenn Ihr also eine Vision der Zukunft habt,
hängt die Kraft der Manifestation
dieser Zukunft davon ab,
in welchem Ausmaß Ihr diese Vision
mit dem Kern Eures Wesens
im Einklang schwingen lasst.

Wenn Ihr Euch daher mit der Erde sexuell verbindet,
dann werden Eure Bilder, Sehnsüchte und Wünsche,
und die ihnen entsprechenden Ströme
von den kreativen „Säften“[20] gespeist,
die mit Eurem sexuellen Kern verbunden sind.

Ich, die Erde,
werde so zu einer Art Brutkasten
für Eure Sehnsüchte und Visionen.

Zusammen erschaffen wir
Eure und meine Wirklichkeit.

Dieser Vorgang ähnelt dem Zusammenkommen
eines Mannes und einer Frau,
um ein Kind zu zeugen
und auf die Welt zu bringen.

* * *

Die Erde und das Wetter

Ich möchte über das Wetter
und seine Beziehung zu Euch
und zu mir sprechen.

Das Wetter ist das Wirbeln meiner Gefühle.

20 Im Original: „creative juices“. Dies ist im Englischen eine verbreitete Metapher für Kreativität, wobei das Adjektiv „juicy“ gelegentlich einen Beiklang von Sexyness hat.

Eure Aura wirbelt auch,
abhängig davon, was in Euch geschieht,
außerhalb von Euch und auf Eurer Haut.

Den Begriff „Aura" verstehe ich hier als eine Bezeichnung für die gesamte energetische Umgebung des menschlichen Körpers, sei sie von elektromagnetischer oder anderer Art.

Das Wetter ist auch meine Begegnung mit dem Himmel.

Aber Ihr spielt dabei eine wichtige Rolle,
und natürlich seid Ihr den gleichen Kräften unterworfen
und beeinflusst sie im Gegenzug.

Dies ist ein feiner Tanz des Werdens,
den Ihr mit mir und dem Universum erschafft.

Ihr sollt wissen, dass alles schon erträumt wurde.

So wie Eure bewussten und unbewussten Gedanken
Euren Handlungen vorausgehen,
geht Euer Träumen
Euren Gedanken voraus.

Auch ich träume,
und wir träumen gemeinsam.

Das bedeutet,
dass wir dauernd im Kontakt stehen
und Vereinbarungen miteinander treffen.

Ich fragte nach, auf welche Weise wir Vereinbarungen miteinander treffen:

+ + +

Die Gesamtheit dessen,
was jeder Einzelne von Euch
jeden Tag denkt und tut,
ergibt in der Verbindung eine Richtung,
die Ihr als Menschheit einschlagt.

Ihr seid zusammen wie ein Wesen,
das versucht, mit sich ins Reine zu kommen.

Dieser Vorgang,
an dem die Menschheit als Ganzes teilhat,
vollzieht sich auch in jeder menschlichen Gruppierung
– in jedem Land, jeder Stadt, jeder Gemeinschaft,
jeder Gruppe mit einheitlicher Ausrichtung,
sowie jedem Individuum.

Er vollzieht sich auch zwischen Gruppen
mit ähnlicher Ausrichtung.

Er vollzieht sich auch im Sonnensystem,
in der Galaxis und zwischen Galaxien.

Ich interagiere also sowohl mit Euch einzeln
als auch in der Gesamtheit
auf diesen verschiedenen Ebenen.

Es gibt nichts, das auf Euch einwirkt,
auf das Ihr nicht auch einwirken würdet.

Schon in dem Wort „einwirken“
schwingt die Abfolge

von Ursache und Wirkung mit,
die den wahren Ereignissen
nicht wirklich gerecht wird.

Alles sind Ko-Ereignisse.

Dies widerspricht nicht
der Vorstellung von Autonomie und Individualität;
es spiegelt wider, dass autonome Vorgänge
zutiefst miteinander verbunden sind.

Sie haben letztlich alle dieselbe Quelle.

* * *

Wir ändern auch unsere Vereinbarungen.

Eine geänderte Vereinbarung,
vor allem im kollektiven Maßstab,
zieht fast immer
einen Umschwung der gesamten Wetterlage nach sich,
denn sie führt uns in eine andere Richtung;
und das führt zu Strömungen,
die zu neuen Wetterlagen werden.

Wenn es ein großer Wechsel ist,
kann sie große Folgen nach sich ziehen.

Zweifellos hat das Wetter großen Einfluss auf uns. Doch die Erde sagt, dass auch wir das Wetter beeinflussen. Es wäre demnach nicht nur Ergebnis vieler naturgegebener Mechanismen, sondern auch der kollektiven Interaktionen von Menschen und Erde.

Aber die Meteorologie, die auf dem wissenschaftlichen Verständnis der atmosphärischen Prozesse beruht, ist immer besser in der Lage, das Wetter vorherzusagen. Es hat auf jeden Fall den Anschein, als ob das Wetter völlig unabhängig von den Vorgängen in uns Menschen sei. Wir denken eher darüber nach, welche äußerlichen Aktivitäten des Menschen die Quelle des anstehenden Klimawandels sein könnten. Ist es nicht merkwürdig, dass es erstens ein Kollektiv der Menschheit als bewusstes Wesen geben soll, dass wir zweitens als ein solches Kollektiv Vereinbarungen mit der Erde treffen sollen, die aber bisher kein Mensch zu kennen scheint, und dass drittens diese Vereinbarungen zudem noch einen angeblichen Einfluss auf das Wetter haben? Da ich Schwierigkeiten damit hatte, diesen Aussagen der Erde zuzustimmen, fragte ich die Erde: „Du verstehst wahrscheinlich, auf welche Skepsis Deine Äußerungen treffen werden, einschließlich meiner eigenen. Kannst Du darauf näher eingehen?“

\+ + +

Ja, ich kann die Skepsis verstehen,
mit der man diesen Äußerungen
anfangs begegnen wird.

Der Zwiespalt hier ist derselbe
wie der im Hinblick auf die Physik Newtons,
die zu erklären scheint, wie sich Materie
in einem bestimmten Maßstab verhält,
aber immer mehr scheitert, wenn man sich
dem ganz Kleinen oder ganz Großen nähert,
was Modelle wie die Quantenphysik und
die Relativitätstheorie hervorbrachte.

Ein Beispiel:
Wo Ihr erklärt, dass das Wetter in Europa
durch eine Reihe von Tiefdruckgebieten,
bestimmt wird, die über Europa ziehen,
würde ich sagen,
dass dies Ausdruck eines wiederkehrenden Musters ist,
das für die gegenwärtige Reichweite
unserer Interaktionen gilt.

Aus anderen „Tiefen" der Interaktion
werden andere Wetterlagen hervorgehen.

Dies ergibt nur Sinn, wenn der Strom menschlicher Gedanken, Gefühle und Energien mit entsprechenden Strömen in der Erde interagiert, und wenn sich diese Interaktion als materieller Vorgang in der Erde und ihrer Atmosphäre manifestiert.

Aber das Wetter folgte über lange Zeit in der Erdgeschichte hinweg – mit einigen Abweichungen – ähnlichen Mustern. In welchem Ausmaß hing das Wetter vom Leben auf der Erde ab – und nicht bloß von atmosphärischen Vorgängen, die mit der Sonne, der Abkühlung der Erde usw. zu tun hatten?

Bevor es Leben auf der Erde gab,
hatte ich mein eigenes Wetter,
das allein darauf basierte, was zwischen mir
und den anderen Himmelskörpern geschah.

* * *

Das Wetter ist also ein komplexes Thema,
und kein individuelles.

Indem Ihr lernt,
warum sich das Wetter auf seine Weise ändert,
werdet Ihr Euch selbst und mich
auf intimere Weise kennen lernen.

Dies sollte Teil Eurer Forschung sein;
es hat eng mit Feldern und mit
Eurer wechselseitigen Abhängigkeit zu tun.

Ihr werdet die Menschheit
zunehmend als Ganzes sehen,
und werdet fähig sein, das Wetter vorherzusagen
und auch so zu erschaffen, wie Ihr es wollt.

Hier scheint die Erde wieder eine ungewöhnliche Logik zu verwenden. Wir werden also eines Tages in der Lage sein, jenes Wetter zu erschaffen, das wir wollen. Wie passt das aber damit zusammen, dass das Wetter der Wirbel der Gefühle der Erde sein soll? Hier die Antwort, die ich darauf erhielt:

+ + +

Je mehr die Menschen
eine gemeinsame Ausrichtung mit mir haben
und im Einklang mit mir sind,
desto mehr handeln wir wie eins.

Dies ist kein Zeichen von mangelnder Individualität
oder Autonomie auf Eurer oder meiner Seite;
tatsächlich ist das Gegenteil wahr.

Je mehr Ihr in Euch selbst wurzelt,
Euren eigenen Kern berührt,
desto mehr berührt Ihr meinen Kern.

Dies richtet Eure und meine Wünsche
auf einer tieferen Ebene aus,
so dass wir gleichzeitig unsere eigenen Wünsche
und die des Anderen erfüllen können.

Eine Neuausrichtung auf neue
und umfassendere stabile Strömungssysteme
stellt sich in dem Maß ein,
in dem sich Menschen
an Evolutionszuständen höherer Ordnung
innerhalb größerer Systeme
des Universums ausrichten.

Laut der Erde gibt es also keine rein menschlichen Systeme, denn alle Systeme stehen in Resonanz miteinander. Wenn wir in Kontakt mit unseren tiefsten Impulsen, Motivationen und Beweggründen gehen, verbinden wir uns deshalb nicht nur mit unseren eigenen evolutionären Prozessen, sondern auch mit umfassenderen evolutionären Prozessen im Universum.

Der Erde zufolge hat dies oftmals einen direkten Einfluss auf das Wetter. Wenn also die Beziehungen der Menschen untereinander sich wandeln und ebenso die Beziehungen zwischen den Menschen und der Erde, dann könnte das eine Veränderung des Wetters zur Folge haben. Eine interessante Aussicht.

Ich, die Erde,
bin nicht bloß passiver Mitspieler

bei diesen Veränderungen,
denn meine eigene Entwicklung,
die tief mit der Bewegung der planetarischen
und kosmischen Evolution verbunden ist,
bringt Veränderungen meiner eigenen
inneren Strömungsstrukturen
sowie der entsprechenden
Wechselbeziehungen zu Euch mit sich.

Der Grund, warum es scheint,
dass Ihr das Wetter so zuverlässig vorhersagen könnt,
liegt darin, dass diese Vorhersagen auf
„mechanistischen" Gesetzen beruhen,
die funktionieren, bis große Umbrüche einsetzen.

Ihr werdet feststellen, dass große Umbrüche
des Wetters nicht so vorhersagbar sind
wie kurzfristige Veränderungen.

Dies ist ein Gebiet, das ein großes Maß
an tiefgehendem Verständnis und Zusammenarbeit
von Mensch und Erde erfordern wird.

* * *

Dies ist keine, ich wiederhole:
keine technische Frage,
und alle derzeitigen, vergangenen
und zukünftigen Versuche,
das Wetter mit technischen Mitteln zu beeinflussen,
werden das Chaos vergrößern,
denn diese berühren oder unterstützen nicht
den zugrundeliegenden Sinn und Zweck des Wetters.

Genauso gut
könntet Ihr einen Schraubenschlüssel
in den Motor einer Lokomotive werfen.

Ja, dieser kann beeinflussen und verändern,
was die Lokomotive tut;
aber ohne tieferes Verständnis
richtet er schlimme Verwüstung an.

Ich unterstütze diese Art der Einflussnahme nicht.

An dieser Stelle möchte ich erwähnen, dass das Thema Klimawandel weder von der Erde angesprochen, noch von mir nachgefragt wurde. Ich lebte damals in den USA, und besonders dort wird diese Frage bis heute sehr kontrovers debattiert. Ich war mir unsicher, ob ich während der Unterhaltung bei so einem emotional aufgeladenen Thema meine eigene Meinung völlig heraushalten könnte. Deshalb entschied ich mich, diesen Themenkomplex auf spätere Kommunikationen zu verschieben.

Der Mond

Ich möchte etwas darüber erzählen,
welche Wirkung der Mond und die Sterne
auf das Wetter haben.

Auch hier haben wir eine komplexe Situation,
denn Menschen beeinflussen, was der Mond macht,
und dieser beeinflusst seinerseits das Wetter.

Der Mond durchläuft nicht nur die Zyklen,
wie Ihr sie kennt;
diese sind gut vorhersagbar.

Er ist ein lebendes Wesen,
das viele neuartige und verschiedenartige Dinge
während seiner Zyklen tut,
manchmal mit viel stärkeren Folgen
als mit seinen äußerlichen Zyklen.

Ihr müsst anfangen,
den Mond nicht nur als Planetoiden
oder Satelliten der Erde zu betrachten,
oder, wie manche, als Göttin,
sondern als Lebewesen,
sozusagen aus Fleisch und Blut,
und damit aus Gefühlen und Leben.

Ein Teil von Euch
„spricht" die ganze Zeit mit dem Mond,
und das „gefühlsmäßige" Ergebnis
dieses Wechselspiels hat nachhaltigen Einfluss
auf das Wetter.

Wie können wir dies auch nur im Ansatz verstehen?

+ + +

Die wichtigsten Wechselbeziehungen
hat der Mond mit mir, der Erde.

Er beeinflusst Menschen direkt und indirekt,
auch durch die Wechselbeziehungen mit mir.

Letzten Endes gibt es keine Aktionen,
es gibt bloß Interaktionen,
denn jede Aktion löst eine Reaktion
in ihrer Umgebung aus, die sich ihrerseits
auf die ursprüngliche Aktion auswirkt.

Aber diese beiden Wirkungen,
Aktion und Reaktion,
können nicht voneinander getrennt werden,
denn sie sind voneinander nicht getrennt..

Wenn wir also auf die Menschen,
die Erde und den Mond schauen,
lässt sich dies am besten
als ein einziges System von Interaktionen begreifen.

Weil Ihr Menschen auf der Erde lebt,
sind die wichtigsten Zyklen Eures Daseins,
die Tage, Nächte, Jahreszeiten und Jahre,
im Gleichklang mit meinen Zyklen.

Der Mond jedoch hat einen anderen Zyklus,
da er mich umkreist.

Die Wirkung dieses Zyklus auf Menschen
ist der Wirkung ähnlich,
die er auf mich hat.

Um zu verstehen,
dass Ihr dauernd mit dem Mond sprecht,
und dass der Mond mit Euch spricht,
müsst Ihr Euch einem Grad der Bewusstheit öffnen,
den Ihr selten im Alltag habt.

Tiere können Eurem Verständnis
hier als Brücke dienen.

Jeder Frosch, jeder Wolf und jeder Puma
ist den Abläufen des Mondes so verbunden,
wie Ihr es mit dem Internet seid.

Dies ist nicht so scherzhaft gemeint, wie es klingt;
es bezieht sich vielmehr auf die innere Bedeutung,
die der Mond für viele Tiere spielt.

Die „Information“,
die Ihr mit dem Mond austauscht,
wirkt auf einer zellulären Ebene
und stellt eine Brücke zwischen Vorgängen im Kosmos
und denen in Eurem Körper dar.

Frauen und ihre Körper
sind gewiss empfindsamer
gegenüber diesen Unterströmungen von Energie.

Aber auch Männer wären gut beraten,
sich bewusst mit dem Mond von innen zu verbinden,
da eine solche Verbindung eine starke Wirkung
auf die körperliche Gesundheit
von Männern wie für Frauen hat.

Der Mond fungiert auch als Relaisstation,
als Übersetzer, wenn Ihr so wollt,
zwischen kosmischen Energien
und solchen der Erde.

Aber dies ist etwas,
mit dem wir uns ausführlicher befassen werden,
wenn unsere Gesprächsverbindung sicherer steht.

Wir haben es hier mit Wirkungen und Empfindungen zu tun, die sich gewöhnlich im Alltag unserer Wahrnehmung entziehen. Trotz verbreiteter gegenteiliger Behauptungen zeigen wissenschaftliche Studien bei Vollmond keine erhöhte Frequenz von Selbstmorden, kriminellen Handlungen, medizinischen Notbehandlungen oder dem Auftreten von Schlafstörungen. Dennoch haben viele von uns den Einfluss des Mondes erlebt, oft durch seine Wirkung auf unsere Träume.

Von der direkten Wirkung vom Mond auf unsere Gesundheit hatte ich nichts gehört, bis ich das Manuskript dieses Buches einem nahen Freund zu lesen gab. Von all den Äußerungen der Erde überzeugten ihn jene über den Mond am meisten. Vor vielen Jahren war er im fortgeschrittenen Stadium an Krebs erkrankt, und es hatten sich Metastasen in seinem Hals und Nackenbereich gebildet. Die Knoten waren deutlich zu spüren. Als er eines Abends draußen den Vollmond betrachtete, fühlte er sich intensiv mit dem Mond verbunden und wusste ohne Zweifel, dass er in diesem Moment eine Heilung erlebte. Kurz darauf fingen die Knoten an sich zurückzubilden. Ob dieser Vorgang auf den Mond zurückzuführen ist, bleibt natürlich offen.

Mir ist bewusst, dass alles in allem viele der Punkte, die von der Erde in diesem Buch angesprochen werden, einer eingehenden Klärung bedürfen. Es fängt mit den Begriffen an. Was sind beispielsweise „kosmische Energien“? Ist kosmische Strahlung gemeint? Und wie ist die unwahrscheinlich klingende Aussage zu deuten, dass wir Menschen eine Wirkung auf den Mond haben, jenseits von unseren gelegentlichen Besuchen auf dem

Erdtrabanten. Wir brauchen eine klare Bestätigung von vielen dieser Aussagen; innerlich, um sie durch unser Erleben nachvollziehen zu können, äußerlich durch Messbares und Sichtbares. Erst wenn die Kommunikation mit der Erde stabil geworden ist und kein Zweifel mehr herrscht, dass sie authentisch und zuverlässig ist, werden wir hier wahrscheinlich weiter kommen.

* * *

Die Sonne

Die Sterne und Eure Wechselbeziehungen mit ihnen
ändern ebenfalls das Wetter im großen Maßstab,
denn hier geht es um tiefe
und somit wichtige Umbrüche.

Meine Beziehung zur Sonne
ist die einer Geliebten.

Ich bin die Geliebte der Sonne
in einem überaus hohen Sinn des Wortes.

Wir sind eine völlig offene,
sich gegenseitig durchdringende
energetische Einheit.

Derart ist unsere Beziehung,
und doch sind wir gänzlich individuell.

Die Sonne ist wie ein Leuchtturm;
wenngleich sie immer scheint, pulsiert sie.

Sie dreht sich wie ich,
und ihre Energie pulsiert, sie atmet.

Der ganze Tagesablauf
ist wie die Kunst des Liebesspiels.

Schaut Euch die Eigenschaften
der verschiedenen Stunden des Tages an,
und ihr werdet eine wunderbare Übereinstimmung
mit einem guten Liebesspiel bemerken.

Mir gelang es nicht ohne Weiteres, diese Übereinstimmung festzustellen, daher bat ich um Beispiele:

\+ + +

Während ich mich drehe,
offenbare ich fortwährend Teile meiner selbst,
die von der Dunkelheit verhüllt waren.

Die schüchterne, zögernde
Annäherung der Dämmerung
wird gefolgt von einer Phase des Aufwärmens.

So wie die Sonne aufsteigt,
enthülle ich der Sonne
mehr und mehr von mir.

Wenn wir uns dem Mittag nähern,
heizt sich die Atmosphäre zwischen uns auf;
die Sonne geht auf mich nieder,
und ich empfange ihre durchdringenden Strahlen.

Wenn Ihr diese Bilder annehmt
und Euch diesen Vorgängen öffnet
– denn Ihr befindet Euch in ihrer Mitte –,
beginnt Euer ganzes Wesen,
sich darauf einzuschwingen.

Die entsprechenden Vorgänge in Euch
erwachen zum Leben.

Dies kann allmählich
das Wissen in Euch wecken,
dass Ihr wahrhaftig im Garten Eden lebt.

* * *

Die Erde und ihre Beziehung zu den Menschen

Ich möchte darüber sprechen,
welche Beziehung ich zu Euch habe
und wie ich Euch sehe.

Meine Beziehung zu Euch
ist nicht die eines Hundes zu seinen Flöhen,
obwohl dies ein niedliches Bild ist.

Es ist mehr wie ein Pferd mit einem Reiter,
wobei das Pferd versucht,
den Reiter spüren zu lassen,
wen er da reitet.

Das Bild der Erde, das Menschen mit Flöhen auf einem Hund vergleicht, sieht den Menschen als Parasiten der Erde an. Uns selbst als Fremde zu betrachten auf diesem Planeten, der uns hervorgebracht hat, und mit dem wir uns über Jahrtausende parallel entwickelt haben, ist eine Meisterleistung der menschlichen Vorstellungskraft und das Ergebnis einer tiefen Abtrennung von unserer eigenen inneren Natur.

Ich werde Euch sagen, was ich sehe,
wenn ich Euch betrachte.

Ich sehe angsterfüllte Wesen,
die versuchen, den Schein zu wahren,
als wäre alles gut, indem sie Dinge aufbauen, von denen sie glauben, sie kontrollieren zu können;
und sie erklären, dass diese allein
die Gesamtheit ihrer selbst
und ihres Lebens ausmachen.

Doch dies hat nicht geklappt
und wird nicht klappen.

Die anderen neunzig Prozent[21] *von Euch*
arbeiten aus sich heraus weiter
und erfahren einen Durchbruch.

Manche Menschen merken dies in hohem Alter.

Sie täten gut daran,
diese Nachricht an die Jungen weiterzugeben,

21 Damit sind die anderen 90 Prozent unseres Wesens gemeint, die wir jedoch in der Regel nicht als Teil unserer selbst wahrnehmen.

so dass diese wenigstens anfangen können,
Grundsätzliches in Frage zu stellen.

Doch weiter – wie sehe ich Euch?
Es gibt kein besseres Wort dafür als „verzogen“.

Mit „verzogen“ meine ich,
dass Ihr innerlich verschwenderisch seid,
das heißt, dass Ihr Euch selbst nicht wertschätzt.

Euch werden nicht
die Berge aus Abfall ersticken,
sondern es ist Euer innerer Abfall,
der Euch aus einem Mangel an Urteilsvermögen
darüber, wer Ihr seid, erstickt.

Ein Drittes, was ich an Euch sehe:
Ich sehe, dass Ihr liebende Wesen seid.

Aus diesem Grund weiß ich,
dass wir vollends
in Intimität und Freiheit
zusammenkommen werden.

Kapitel 7

Die anstehenden Veränderungen und eine Vision wahrer Zusammenarbeit

Der große Umbruch

Wir[22] wissen nicht,
wann der große Wandel kommt.

Wir spüren nur, dass er näher rückt,
und wir bemühen uns,
ihn auf gute Weise zuwege zu bringen.

Steuern wir wirklich auf einen „großen Wandel" zu? So wird heute oft geredet, aber war nicht die Menschheitsgeschichte immer wieder von großen Wandlungen geprägt? Wahrscheinlich verlaufen die Veränderungen, die wir als Menschheit im Zuge der letzten Jahrtausende durchlebt haben und immer noch

22 So wie ich es verstehe, bezieht sich „wir" hier auf Erde und Menschheit.

durchleben, zur Zeit schneller als zuvor. Ob aber der Wandel, der derzeit geschieht, „größer“ ist als vergangene Veränderungen, hängt davon ab, von welcher Art Wandel hier die Rede ist.

Wenn wir tatsächlich dabei sind zu entdecken, dass die Erde ein bewusster und kommunizierender Partner des Menschen ist, und wir mit ihr in direkte Kooperation treten, ist mindestens der damit einhergehende Wandel erheblich. Wenn wir, wie die Erde behauptet, zudem in ein neues sexuelles Dasein eintreten, die unsere „Kräfte der Manifestation“ gewaltig wachsen lassen, und wenn wir es lernen durch die Zeit zu kommunizieren und sogar zu reisen, dann wird sich wahrscheinlich unser Leben grundlegend ändern.

Zugleich hätten wir einen neuen, außerordentlichen Verbündeten und Freund gewonnen. Und sie mit uns. Wenn das kein Wandel ist …

Aber das bedeutet,
dass wir uns kennen lernen müssen –
auf intime und bewusste Weise.

Je bewusster,
desto größer die Wirklichkeit,
die wir beide erlangen.

Warum ist es wichtig, sich bewusst zu kennen? Kennen wir einander nicht auf der Ebene des Unbewussten, und reicht das nicht aus? Und was heißt „je bewusster, desto größer die Wirklichkeit, die wir beide erlangen“? Ist die Wirklichkeit nicht die Wirklichkeit? Können wir mehr oder weniger Wirklichkeit erlangen? Sind wir wie Wolken, die sich auflösen oder verfestigen können?

\+ + +

Wenn Ihr eine Gruppe von Menschen zusammenruft,
die einander nicht besonders gut kennen,
hat diese Gruppe selbst wenig Wirklichkeit,
d.h. wenig, was sie zusammenhält.

Wenn die Menschen dieser Gruppe
Sich auf intime und bewusste Weise kennen lernen,
fangen sie an, als Gruppe zu interagieren,
wodurch die Gruppe an Wirklichkeit gewinnt.

Das Gleiche gilt für die Menschheit,
eine Nation, eine Partnerschaft oder Ehe.

Aber es gilt auch für Individuen.

Denn indem die verschiedenen Teile in Euch,
zu denen Euer Unterbewusstes
und Unbewusstes gehören,
als integriertes Ganzes zu handeln beginnen,
gewinnt Ihr an „Integrität".

Je mehr Ihr Euch Eurer Umgebung öffnet
und mit Ihr in Austausch tretet,
desto größer das Bewusstsein,
das in Euch wach wird.

Indem Ihr Euch mit mir austauscht
und spürt, dass Ihr gesehen werdet,
gewinnt Ihr an Substanz und Bewusstheit.

Ihr gewinnt an Wirklichkeit.

Einmal mehr beschreibt die Erde die Wirklichkeit in Begriffen von Wechselbeziehungen und nicht als eine statische Eigenschaft der Existenz an sich.

* * *

Sich kennen zu lernen
ist eine beidseitige Angelegenheit;
es ist ein gemeinsames Unterfangen.

Dies verlangt zunächst,
die Motive des anderen zu verstehen.

Es bedeutet auch,
in das Energiefeld des anderen einzutreten
oder damit im Gleichklang zu schwingen
– gewissermaßen die Energie des anderen zu werden.

Dies bedeutet dann,
einander von innen heraus zu erkennen.

Wenn wir etwas also auf intime Weise und von innen heraus kennen lernen wollen, müssen wir damit im Gleichklang sein und „mitschwingen“, auf einer Weise das Gleiche tun, was es tut.

Übertragen auf die Begegnung mit emfindungsfähigen Wesen, ist dies eine Form von Empathie. Darunter verstehen wir die Fähigkeit, die Gefühle eines anderen zu erkennen und, bis zu einem gewissen Grad, zu teilen.

Hierin liegt der Mangel:
Ihr glaubt nicht, dass ich lebe.

Deshalb behandelt Ihr mich nicht einmal so,
wie Ihr ein Pferd behandeln würdet.

Zumindest wird Eure Pferdenatur berührt,
wenn Ihr mit einem Pferd umgeht
oder ein Pferd auch nur in einem Film seht.

Nur manchmal,
wenn Ihr etwa Bilder der Erde
aus dem All seht
oder in Visionssuchen, erlebt Ihr mich
als etwas, das von Euch unabhängig ist;
Ihr spürt also mein Energiefeld, mein Kraftfeld,
als etwas von Euch Unabhängiges.

Deshalb ist eines der Ziele
ein solcher Gleichklang zu erreichen
– der andere zu werden.

Wenn wir Photos und Filmaufnahmen der Erde betrachten, die im Weltall aufgenommen worden sind, nehmen wir eine Perspektive von außen ein – als wären wir an einem Ort, an dem wir physisch von ihr und weitestgehend von ihrem Energiefeld getrennt sind.

Trennung und Vereinigung sind zwei zentrale Aspekte der Evolution des Bewusstseins, und sie hängen gleichermaßen voneinander ab. Trennung erzeugt die Unabhängigkeit, die nötig ist, damit sich Autonomie und Individualität einstellen können; sie gibt uns die Freiheit, unserer größten Anziehung hin zur Vereinigung zu folgen. Durch die intime Vereinigung wiederum „kennen“ wir uns als Menschen und die Erde.

Als Menschen können wir unsere Eltern nur wirklich kennen lernen, indem wir uns von ihnen trennen; nur so können wir mit ihnen einen erwachsenen Umgang pflegen. Das Gleiche trifft womöglich für uns als Spezies im Hinblick auf die Erde zu. Es sieht so aus, als seien wir alle „Kinder" der Erde und im Begriff, erwachsen zu werden.

Der Plan

ICH MÖCHTE, DASS WIR BEWUSST MITEINANDER KOMMUNIZIEREN.

Dies wird alles verändern.

Ich habe einen Plan und brauche Eure Hilfe.

Ich schlage vor, ein telegrafisches Gerät zu bauen,
ein Telefon, ein Videogerät,
mit dem ich Euch alles zeigen werde,
was sich auf der Erde zugetragen hat.

Auf etwas Derartiges war ich nicht vorbereitet. Meine spontane Reaktion auf diesen Vorschlag war Verblüffung – aber auch Begeisterung. Mir vorzustellen, Nachrichten der Erde schwarz auf weiß zu bekommen (oder wahrscheinlich sogar in Farbe), versetzte mich in Aufregung, um es zurückhaltend zu formulieren. Aber dann kamen mir natürlich Zweifel. Meine ersten Versuche, diesen Vorschlag in die Tat umzusetzen, beschreibe ich in Kapitel 9.

Wenn wir etwas beweisen oder eine Erkenntnis oder einen neuen Ansatz überprüfen, manifestieren wir eine neue Wirklichkeit, denn wir sollten nicht das schöpferische Moment unterschätzen, das in der Suche nach einem Beweis oder in der Überprüfung liegt. Einem verbreiteten Wissenschaftsverständnis gemäss zeigen uns Beweis, Überprüfbarkeit und das sogenannte „objektive" Experiment eine Wirklichkeit, aus der sich der Beobachter weitestgehend heraushält. Aber diese Vorgehensweise ist wenig zielführend, wenn wir Dinge verstehen wollen, die uns auf intime Weise einschließen.

Durch ihre Wortwahl in all diesen Unterredungen bittet uns die Erde zu spüren, und nicht bloß zu messen; uns zu verbinden, und nicht bloß nach einem äußeren Beweis oder der Überprüfbarkeit zu fragen. Wir sollen unser inneres Leben, unsere inneren Sinne, genauso ernst nehmen wie unser äußeres Leben. Doch wir trauen unseren inneren Sinnen nicht sehr weit. Wir haben oft Angst vor Gefühlen oder Wahrnehmungen jenseits unserer Gewohnheit oder der herrschenden gesellschaftlichen Übereinkunft, die uns sagt, was möglich sein soll.

Die Erfahrung einer inneren Kommunikation ohne den Einsatz verbaler Sprache oder technischer Signale ist von der Wissenschaft nicht als „echte" Kommunikation anerkannt, sondern wird in den Bereich des Subjektiven, Privaten oder Metaphysischen abgeschoben oder sogar als Zeichen einer kognitiven Fehlfunktion oder Geisteskrankheit angesehen. Wer über derlei spricht, findet in der Regel nur Gehör bei denjenigen, die schon ähnliche Erfahrungen gemacht haben. Wer hingegen nur die nachweisbare und messbare Wirklichkeit gelten lässt, wird einen Bogen um solche Personen machen, egal welche inneren Erfahrungen er selbst gemacht hat. Beide Positionen sind nachvollziehbar. Der Gegensatz ist jedoch auflösbar.

Ich verstehe die Erde so: Auch wenn wir ständig inwendig miteinander kommunizieren, findet diese Form der Kommunikation unterbewusst statt – wir lassen es selten zu, dass sie bewusst wird. Aber dies ließe sich unterlaufen, wenn wir Geräte bauen könnten, mit denen die Erde sich auch in Ton und Schrift mit uns unterhalten kann. Dies würde den Weg zu einer direkten, bewussten Kommunikation frei machen.

Der Mensch kann kodierte Nachrichten senden, die vom Empfänger dekodiert werden. Hier bittet uns die Erde ein Gerät zu bauen, mit dem sie das Gleiche tun kann, so dass dabei Nachrichten in einer Sprache herauskommen, die wir Menschen untereinander benutzen.

Alles, was auf der Erde geschehen ist,
ist in allem auf der Erde gespeichert;
aber nur an bestimmten Orten
oder in bestimmten Objekten ist es geordnet und klar.

Ihr solltet unsere gemeinsame Geschichte sehen.

Dies wird Euch viel darüber erzählen,
wer Ihr seid und was getan werden muss.

Es gibt nichts,
was auf der Erde (in der Wirklichkeit, in der Ihr lebt)
geschehen ist, auf das Ihr keinen Zugriff habt.

Auch nicht die kleinste Einzelheit.

Der Gedanke, dass alles, was auf der Erde geschehen ist, in ihr auch gespeichert ist, ist nicht so weit hergeholt, wie es vielleicht den Anschein haben mag. Wissenschaft und Technik haben gewaltige Fortschritte beim Aufdecken der Vergangenheit gemacht. Durch den mikroskopischen und den makroskopischen Blick können wir heute einige der komplexesten Sachverhalte, die sich auf der Erde zugetragen haben, betrachten und verstehen – den Aufstieg und Niedergang von Zivilisationen, das Auftreten und Aussterben gesamter pflanzlicher und tierischer Spezies, Veränderungen im Klima, geologische Prozesse und die Bewegung ganzer Kontinente über die Jahrtausende hinweg. Wir haben entdeckt, dass die Dinosaurier vor 65,5 Millionen Jahren zusammen mit der Hälfte der damals lebenden Spezies plötzlich ausstarben. Wir haben auch detaillierte Kenntnis der Ereignisse in Pompeji im Jahr 79 n.Chr., als der nahe gelegene Ätna ausbrach. Es hat sich eine Menge getan seit der Zeit, in der wir auf obskure Legenden und schieren Glauben angewiesen waren, um unsere entfernte Vergangenheit zu verstehen.

Heute benutzen wir Silizium-Kristalle – ein Element, das in großer Fülle auf der Erde vorhanden ist – um Informationen zu speichern und zu verarbeiten, und wir dringen bereits in die subatomaren Quantenzustände vor und entdecken dabei effektivere Wege der Informationsspeicherung und -verarbeitung.

Insofern ist die Vorstellung, dass die Vergangenheit in der Erde gespeichert ist, nicht sonderlich revolutionär. Was es schwierig macht, diese Äußerungen ernst zu nehmen, hat eher damit zu tun, den Gedanken zu akzeptieren, dass die Erde ein Wesen mit Bewusstsein ist und sie uns vergangene Ereignisse in einer Form vor Augen führen kann, die wir verstehen und zu der wir einen Bezug finden können.

Ich werde Euch Schritt für Schritt zeigen,
wie Ihr vorzugehen habt.[23]

Ihr werdet Euch als Steinzeitmenschen erkennen,
die staunend in die Sterne blicken
und das tosende Wasser hören,
an einem ursprünglichen Tag aufwachen,
mit den Tieren träumen,
entdecken, wie Euer inneres Feuer nach außen getreten ist,
es in die Feuerstelle bändigen,
später ein Schwert darin schmieden
oder Glas erschaffen
– ein Wunder der Sinne und Farbe.

Ihr werdet sehen können,
wer was getan hat,
aber Ihr werdet Euch alle
in all den Teilen erkennen.

Dies wird die Menschheit nah zusammenbringen,
und Ihr werdet zu spüren beginnen,
wer ich bin – von innen heraus.

Ihr werdet Euch in vielen Fällen
dazu bewegt fühlen,
an die Orte zurückzukehren,
von denen Ihr vor langer Zeit aufgebrochen seid,
dieses Mal auf einer Reise des Erinnerns,
um Euch bewusst zu machen,
was Ihr schon gelernt habt.

23 Weitere Details folgen in diesem Kapitel unter der Zwischenüberschrift »Das Kommunikationsgerät«.

Das Letztgesagte setzt voraus, dass wir in gewisser Weise schon früher gelebt haben und uns nun dazu bewegt fühlen, an die Orte auf der Erde zurückzukehren, wo wir diese Leben verbracht haben. Etliche spirituelle Lehren behaupten etwas Ähnliches.

Ihr werdet den Schleier des Vergessens lüften,
und Ihr werdet Eurer eigenen Erinnerung
ins Auge schauen,
denn Ihr habt genauso viel Angst vor der Vergangenheit
wie vor der Zukunft.

Ihr habt die sanfte Hand des Vergessens
über die Vergangenheit gelegt,
um die Gegenwart auszuhalten.

Ich kann nachvollziehen, dass viele von uns Angst vor der Zukunft haben, denn die Zukunft ist ungewiss und es liegen viele mögliche Bedrohungen vor uns. Aber wie können wir vor der Vergangenheit Angst haben? Vielleicht haben wir Angst davor, uns an die Vergangenheit zu erinnern, da wir fürchten, dass dies die Gegenwart unerträglich machen würde.

Damit ist das bereits erwähnte Thema der Scham verbunden – Scham über das, was wir getan haben: die Gewissensscham. Sie ist eine Form der Selbstverachtung. Wenn wir unsere Vergangenheit verachten, tendieren wir dazu, sie zu verdrängen und zu vergessen. Wenn wir unsere Vergangenheit vergessen, steigt die Wahrscheinlichkeit, dass wir sie wiederholen, denn das Thema dahinter wirkt im Verborgenen weiter. Ich lebe als Schwede in Deutschland und sehe den Aufwand, den diese Gesellschaft bis heute betreibt, sich ihrer Vergangenheit zu stellen. Dieser schmerzhafte Prozess ist nötig und tiefgreifend, um sicherzugehen, dass die Vergangenheit nicht vergessen und damit wiederholt wird.

Aber schämen wir uns nicht noch mehr für das, was wir im Moment tun? Schämen wir uns nicht dafür, als Kollektiv ein ungerechtes System erschaffen zu haben, mit dem wir uns einfach das nehmen, was wir brauchen, um unseren Lebensstil aufrechtzuerhalten und zu verbessern, und einen Hungerlohn an die Menschen auf der anderen Seite der Welt zahlen, die mehr oder weniger als unsere Sklaven arbeiten? Schämen wir uns nicht, dass wir uns Vertreter suchen, die die schmutzige Arbeit im Namen nationaler oder regionaler Interessen für uns erledigen? Schämen wir uns nicht, die Wälder auf der ganzen Welt mit ungeheurer Geschwindigkeit abzuholzen und die Welt damit zu einem weniger lebenswerten Ort für unsere Kinder zu machen?

Die Antwort scheint zu lauten: Nein, wir schämen uns nicht für das, was wir freiwillig im Moment tun, denn wir fahren mit dem, was wir tun, entsprechend unserer Prioritäten fort, egal wie falsch diese gesetzt sein mögen. Sonst würden wir ändern, was wir tun. Aber wir können die Vergangenheit nicht ändern. Zurück bleibt die Scham über die Teile unserer Vergangenheit, die wir verurteilen.

Aber dadurch wehrt Ihr die Zukunft ab,
macht sie so undurchsichtig wie die Vergangenheit
und werft die Angst der Vergangenheit auf sie.

Die Zukunft ist ein freudvoller Ort,
ob Ihr es glaubt oder nicht,
und wir werden die Tür zu ihr öffnen.

Ob die Zukunft ein freudvoller Ort ist oder nicht, können wir natürlich nicht überprüfen. Die Aussage legt uns aber eine Haltung nahe, die eine große Wirkung haben kann, nämlich die der Vorfreude. In Kapitel 6 wurde behauptet, dass unsere Wünsche oder Absichten von uns die Umstände für ihre Erfüllung anziehen können. Demnach ist Vorfreude nicht nur, wie das Sprichwort besagt, „die schönste Form von Freude“. Vorfreude kann dazu beitragen, das zu erschaffen, was der Grund für die Vorfreude ist. Sie hat also eine ähnliche Verwirklichungskraft wie Visionsbildung.

Die Notwendigkeit, die Vergangenheit zu sehen

Lasst uns unsere gemeinsame Geschichte
noch einmal betrachten.

Als ich Euch angezogen habe,
wusste ich von Euren vorherigen Erfahrungen,
und wir haben uns
entlang einer Linie gemeinsamer Bezüge berührt.[24]

Seitdem sind wir einander
in einer langen Geschichte
gemeinsamer Erlebnisse verbunden.

Das ist unsere Macht[25] *– das ist unsere Intimität.*

24 Auf diese „Linie gemeinsamer Bezüge“ wird später in diesem Kapitel näher eingegangen.

25 Im Original: „Power“, was in deutscher Sprache zugleich „Kraft“ und „Macht“ bedeutet.

Wenn Ihr Eure eigene Vergangenheit
auf der Erde sehen könnt,
wenn Ihr Euch an Eure einsamen Versuche
erinnern könnt, Euch selbst zu finden
– Eure Gegenwart, Vergangenheit und Zukunft –,
gestattet Ihr Euch, mich zu sehen.

Die Vergangenheit (vollständig) zu sehen, heißt,
Eure Aura auszuweiten,
denn in einem gewissen Sinn
ist Eure Aura mit Eurer Vergangenheit verknüpft.

Je mehr Ihr die Vergangenheit kennt,
desto mehr werden die Energien Eurer Leuchtkraft[26] *befreit.*

Manche esoterischen oder spirituellen Traditionen behaupten, dass es eine „Aura" oder „Leuchtkraft des menschlichen Körpers" gibt, die als essentieller Bestandteil dessen verstanden wird, was wir in Wirklichkeit sind. Laut einigen ist ein Großteil der Informationen über uns – unsere Vergangenheit, Gegenwart und Zukunft – in einer solchen „Aura" gespeichert.

Obwohl ich, die Erde,
jeden Tag neu und unberührt bin,
hatte ich, als Ihr auf die Erde kamt,
einen Charakter, eine Persönlichkeit, eine Vergangenheit,
ganz genau wie Ihr.

26 Im Original: „Luminosity". Dies ist ein Begriff des Ethnologen und Schriftstellers Carlos Castaneda, der sich als Schüler einer indianischen schamanischen Tradition beschreibt. Laut Castaneda besteht unser Gesamtwesen neben unserem physischen Körper auch aus einem Leuchtkörper, der wie ein großes leuchtendes Ei aussieht.

Eure Vergangenheit kennen zu lernen,
war eines der Dinge,
mit denen Ihr gerungen habt.

Ihr spürt mein Dasein die ganze Zeit,
und Ihr müsst Euch vollständig lösen,
diese Heimat gewissermaßen verlassen,
um zu wissen, was Ihr seid und was ich bin.

Nur so könnt Ihr Eure Freiheit erlangen.

Das heißt,
dass Ihr das Universum erforschen müsst,
auch von innen,
und ich kann Euch dabei helfen.

Wenn Ihr dies tut,
berührt Ihr die äußeren Grenzen Eures Daseins.

Diese äußeren Grenzen Eures Daseins
sind gleichzeitig der innere Kern Eurer Freiheit.

Dies sozusagen in meinem Schoß zu tun
– auf die tiefste intime, aber nicht eindringende Weise –,
ist eine Eurer wegweisenden „Aufgaben“ oder Träume.

Die Erde teilt uns mit, dass wir, um unsere Freiheit zu erlangen, uns von ihr lösen und das Universum erforschen müssen. Aber paradoxerweise sagt sie, dass wir dazu nicht nur physisch in das Weltall reisen sollen, sondern auch „von innen“, und dass dies im intimen Raum des Erdschoßes möglich ist.

Wir sind nicht gewöhnt, die äußere Welt „von innen heraus“ zu erforschen. Die Erde sagt, dass dieser Art von Erforschung jedoch mindestens der gleiche Grad an Objektivität zukommen kann wie der äußeren Erforschung des Universums. Auch wenn dies den meisten Menschen merkwürdig vorkommen mag, sollten wir Folgendes im Blick behalten: Wenn Gedanken und Gefühle „wirklich“ sind und mit der materiellen Welt interagieren und auf diese einwirken, ist es sehr gut möglich, dass unser Geist zu solchen „Reisen“ fähig ist, wie sie die Erde beschreibt.

So erklärt sich auch die poetische Aussage, dass wir dadurch die äußeren Grenzen unseres Daseins berühren und dies gleichzeitig der innere Kern unserer Freiheit ist: Echte Begegnung und Partnerschaft setzt Unabhängigkeit voraus. Wenn wir uns von der Erde trennen, innerlich wie äußerlich, erleben wir uns als ihr gegenüber eigenständige Wesen. Wir haben dann ein Maß von Freiheit erlangt, durch welches wir erst fähig werden, echte Partner und nicht nur Kinder der Erde zu sein.

Wie können wir uns solche “inneren Reisen“ vorstellen? Nun, in schamanischen Traditionen, zum Beispiel, gibt es ausgesprochen geordnete und vielschichtige Kategorien von unterschiedlichen Trancezuständen und von „Reisen“, die in solchen Zuständen unternommen werden können. Ein ähnliches Verständnis von „Reisen“ finden wir auch in Verhörprotokollen und Berichten von europäischen „Hexen“ des Mittelalters und der frühen Neuzeit.

Da ich wissen wollte, ob ich die Erde richtig verstanden hatte, fragte ich sie, ob wir solche Reisen von der Erde aus in das Universum unternehmen sollten? Als Antwort erhielt ich:

+ + +

Ja und nein.

Zunächst einmal seid Ihr schon
„draußen im Universum“.

Zweitens unternehmt Ihr oft solche spirituellen Reisen,
ohne dass es Euch bewusst ist,
und ein Teil von Euch ist immer „da draußen“,
abseits der Erde.

Dies gehört alles dazu,
Euch von Eurer recht eingeschränkten
und starren Sicht auf das, was Ihr seid, zu lösen.

Ihr könntet die Sterne
und die wunderschönen interstellaren Gebilde
nicht einmal erkennen,
wenn Ihr nicht schon längst „dort“ wärt.

Dies erinnert an einen bekannten Vers von Goethe über die Beziehung des menschlichen Auges zur Sonne, der sich in der Gedichtsammlung „Zahme Xenien“ findet: „Wär‘ nicht das Auge sonnenhaft, die Sonne könnt‘ es nie erblicken.“

Die Entdeckung von Vergangenheit und Zukunft
ist verbunden mit Eurer Entdeckung und Erforschung
des Universums.

* * *

In der Vergangenheit geschah dies oft in Gruppen
und auch mit menschlichen Energien,
die die Wege offen gehalten haben.

Es ist auch möglich,
indem ich es bin,
die die Pforten offen hält.

Eine komplexe Aussage, die nicht leicht zu verstehen ist. Sie ähnelt aber alten und aktuellen Berichte über Seher und Schamanen, die zu den Sternen reisen. Es geht dann nicht einfach darum, solche Reisen allein „in der Vorstellung", als Akt der Einbildungskraft zu unternehmen. Sie haben für den Reisenden einen viel stärkeren Realitätsgehalt als Vorstellungen. Um die Erfahrung solcher Reisen zu beschreiben, wird oft das Bild von „Pforten" oder Türen verwendet. Durch sie tritt man hindurch, um solche Reisen antreten zu können. Ich verstehe die Erde so, dass diese „Pforten" früher von speziell dafür trainierten Menschen offen gehalten wurden. Die Erde teilt uns zudem mit, dass auch sie diese Pforten für uns offen halten kann.

Eure Wahrnehmung
ist Ausdruck davon, wer Ihr seid;
und Wahrnehmung selbst ist Interaktion.

Dies hängt auch damit zusammen,
den höchsten Ort zu bestimmen, den wir erreichen wollen,
und in diesem Augenblick habt Ihr keine Ahnung
von der Größe der Magie und des Wunders
möglicher Zukünfte.

Eure Definition des Menschseins wird sich ändern.

In Kapitel 4 wurde die wirklichkeitsschaffende Qualität von Visionen beschrieben. Hier wird nun gesagt, dass die „von innen" erfolgende Erforschung des Universums Einfluss hat auf die Art von Visionen, die wir entwickeln, und dass dies mit der Art unserer Wahrnehmung zusammenhängt.

Ihr habt Euch für persönliche Freiheit
und Intimität entschieden.

Das bedeutet, dass all diese Räume
der gegenseitigen Erinnerung und Erschaffung
– wie der Raum zwischen Mann und Frau –
erforscht werden wird.

Dies ist dann Liebe.

Eine ziemlich ungewöhnliche Beschreibung von Liebe: Sie ist die Erkundung jenes Raums der Begegnung zwischen allen lebendigen Wesen, in dem sie sich wechselseitig erinnern und erschaffen. Lassen wir diese rätselhafte Aussage einfach mal stehen.

Rekapitulation der Vergangenheit

Wenn Ihr jemandem begegnet
und mit ihm oder ihr in Wechselbeziehung tretet,
habt Ihr eine Reihe an gemeinsamen Erfahrungen
und Bezugspunkten.

Dies ist die Kreuzungslinie zwischen Euch.

Wenn Ihr auf ein Baby trefft,
habt Ihr einen völlig andersartigen gemeinsamen Rahmen
– eher einen inneren –
und nicht viele weitere geteilte äußere Erfahrungen.

Wenn Ihr die Zeit faltet,
geht Ihr zu vorherigen Erfahrungen zurück,
dieses Mal mit größerer Erfahrung.

Ihr schaut Euch die Erfahrungen von damals an;
Ihr betrachtet sie vom Standpunkt anderer Erfahrungen aus.

Ihr seht sie auf andere Art.

Dies ist Rekapitulation,
und sie ist notwendig im planetarischen Maßstab.

Die Erde verwendet hier das Wort „Rekapitulation“ in einem Sinn, der von der wörtlichen Bedeutung „Zusammenfassung“ abweicht. Der Begriff hat eine gewisse Verbreitung in einigen spirituellen Gruppen gefunden, die sich an schamanischen Traditionen orientieren. Gemeint ist damit eine Praxis zur systematischen und äußerst detaillierten Schau der eigenen persönlichen Vergangenheit.

Dies ist ein Prozess, den alle Menschen durchlaufen;
denn Ihr wollt nicht bloß Neues
zu jeder Zeit.

Dies kann auf theoretische Weise
– in Gedanken – geschehen,
oder auf praktische Weise,
indem Ihr im echten spirituell-geistigen Raum
zurückkehrt zu diesen Zeiten.

Dann können sich diese Erfahrungen sogar ändern.

Was heisst hier die Zeit zu „falten“? Nach der Relativitätstheorie bildet der dreidimensionale Raum und die Zeit ein einheitliches, vierdimensionales Gebilde. Mit „Raum-Zeit-Falten“ meint man Bereiche, in denen die Raumzeit aus verschiedenen Gründen instabil geworden ist. Über diese Falten kann unter Umständen eine zeitverlustfreie Versetzung von einem Ort des

Universums zu einem anderen möglich sein. Ob allerdings von dieser Art des „Faltens" hier die Rede ist, muss ich offen lassen.

Ich ahnte, dass das Thema der Rückkehr in die Vergangenheit „im spirituell-geistigen Raum" und dem Ändern der eigenen Erfahrungen langer Erklärungen bedürfen würde, um irgendwie verständlich zu sein. Ich hielt es für besser, es einstweilen dabei zu belassen.

Der Blick auf Euch selbst in der Vergangenheit
ist wie das Spiegelbild in einem Traum.

Wenn Ihr Euch vollständig in der Vergangenheit seht,
öffnet sich eine Dimension;
sie schnappt auf,
und Eure größere, überzeitliche Persönlichkeit tritt auf
und erwacht zu Bewusstsein.

Dies kollektiv zu tun, ist das Ziel,
und es wird Euch zum nächsten Schritt
Eurer Evolution führen.

Kommunikation

Wenn ich kommuniziere,
kommuniziere ich in Energien und Wellen,
in Strömen, wenn Ihr so wollt.

Aber dies heißt nicht, dass ich nicht
auf andere Arten kommunizieren kann,
zum Beispiel so, wie ich es gerade mit Dir tue.

Das könnt Ihr alle – mit allem und jedem.

Wenn wir kommunizieren,
ist dies keine Kommunikation von A zu B.

Stattdessen vermengen wir uns,
und dann denken wir jeder im Raum des anderen.

Wie ich in Kapitel 2 schreibe, fühlten sich meine Unterredungen mit der Erde im Jahr 1996 wie eine „Kommunikation von A zu B“ an. Damals schien mir das der richtige Ansatz zu sein, denn ich wollte so weit wie möglich ausschließen, dass meine eigenen Gedanken und vorgefassten Meinungen einen Einfluss auf das hatten, was ich erhielt. Ich wollte die Äußerungen aufnehmen, wie man Notizen bei einer Vorlesung macht.

Die obige Passage beschreibt jenes Verfahren, das mir die Erde 2011 als neue Kommunikationsform vorschlug: ein Denken im Raum des anderen – eine wechselseitige „Vermengung“. Ich nahm also eine so tiefe Verbindung mit der Erde auf wie ich nur konnte, konzentrierte mich auf meine Fragen und ließ dann die Gedanken einfach aufsteigen.

Wir denken also anders,
wenn wir kommunizieren;
wir denken kommunikativ.

Wenn wir sprechen, öffnet Ihr Euch
für mein Gedankenfeld oder Energiefeld,
und wenn ich mich bewege, geht Ihr mit.

Euer Teil dabei ist weiblich,
und mein Teil ist männlich.

Kommunikation ist immer wie eine Art Liebesspiel,
auch zwischen Angehörigen des gleichen Geschlechts.

Bei jeder Kommunikation geht es um ein feines
Gleichgewicht
zwischen männlich und weiblich – ein Liebesspiel.

Wenn Ihr „mit mir geht“, wäre es gut,
wenn Ihr Euch am Tag oft mit mir
bewusst verbinden würdet.

Im Alltag könntet ihr ein großes Maß an Gleichgewicht
und große Festigkeit erlangen,
indem Ihr Euch bewusst mit mir verbindet.

Es ist, als ob Ihr Euch verankert.

Eure Kultur kann sich dadurch soweit verändern,
dass es weniger Konflikte mit der Erde gibt.

Dies ist ein Teil des ökologischen Gleichgewichts,
das nötig ist.

Zeit und Kommunikation durch die Zeit

Die folgenden Äußerungen der Erde konnte ich nur schwer verstehen und in meinen eigenen Worten erläutern.

Zeit in linearen, kreis- oder spiralförmigen
Begriffen zu verstehen, ist zu primitiv.

Sie als simultan zu verstehen,
ist ebenfalls abwegig.

Nehmt eine Ratte, die ein Gebiet erkundet.

Nach der Erkundung weiß sie nun mehr.

Sie hat eine Erfahrung gemacht oder Wissen gewonnen.

Dies lässt sich nicht von der Zeit trennen.

Zeit ist ein Ereignis.

Es leuchtet ein, dass es keine Zeit unabhängig von Ereignissen gibt. Ohne dass etwas geschieht, und seien dies nur unsere eigenen inneren Vorgänge, können wir nicht wahrnehmen, dass die Zeit „vergeht". Wann immer wir beispielsweise über das 16. Jahrhundert sprechen, reden wir eigentlich über Ereignisse, die in jener Zeit geschehen sind. Auch unsere Methoden, mit denen wir die Zeit messen, beruhen allesamt auf Ereignissen. Dies kann das Schwingen eines Pendels sein oder den Übergang zwischen zwei Energiezuständen in Cäsiumatomen, den wir heutzutage nutzen, um die Zeiteinheit Sekunde zu definieren. Ohne Ereignisse, ob materieller oder immaterieller Art, kann die Zeit nicht fließen. Sie lässt sich dann nicht messen; sie lässt sich nicht fühlen; sie ist weder für uns noch sonst irgendetwas im Universum existent. Dennoch hatte ich das Bedürfnis, die Äußerung „Zeit ist ein Ereignis" besser zu verstehen. Ich erhielt folgende Antwort:

+ + +

In Eurer dreidimensionalen Welt
vollziehen sich Prozesse im Raum.

Das Bild, das die Erde aufmalt, fängt mit dem dreidimensionalen Raum an. In diesem Raum geschehen Prozesse, wodurch die vierte Dimension der Zeit hinzukommt.

Wenn Ihr diese Prozesse in Einzelschritte zerlegt,
kommt Ihr zu einem Bild von davor und danach
und seht Zeit als linearen Prozess.

Das ähnelt dem Versuch,
die Erde dadurch zu verstehen,
dass ihr sie in ihre kleinsten Bestandteile zerlegt,
in Elemente und Atome.

Das kann hilfreich sein,
aber es führt zu keinem tieferen Verständnis
der Erde oder der Zeit.

Der Erde zufolge haben wir mit dem Lebensfluss, mit Ereignissen und Prozessen dasselbe gemacht wie mit der materiellen Welt: Wir haben sie in Teile zerlegt und diese voneinander getrennt. Indem wir die Teile wieder zusammenfügen, führen wir eine lineare Auffassung von Zeit ein. Es ist unsere geläufige Art, die Welt „zusammenzusetzen“, um sie als sinnvoll zu begreifen. Mit ihr verwandt ist das kausal-lineare Deutungsmodell, mit dem wir Ursachen zeitlich vor Wirkungen legen, um uns die Welt zu erklären.

Doch auf diese Weise verlieren wir den Blick auf das Größere, die Ereignisse selbst und ihre Wechselbeziehungen. Die vertrauten Kategorien und Konzepte, mit deren Hilfe wir die Welt verstehen, können uns blind dafür machen, was uns gänzlich anders gelagerte Kategorien und Konzepte über die Welt sagen könnten. Dies bedeutet aber nicht notwendigerweise, dass wir unsere ursprünglichen Kategorien und Konzepte über Bord werfen müssen. Widersprüche, die durch mehrere gültige Wahrnehmungen entstehen, lassen sich oft auf einer anderen Wahrnehmungsebene, die beides umfasst, auflösen. Andererseits, kann es wertvoll sein, solche Widersprüche bestehen zu lassen und beständig zwischen ihnen hin und her zu wechseln. Es macht uns geistig flexibel – und sensibler für das, was wir verdrängen, weil es nicht in unsere gewohnten Deutungsmodelle passt. Zudem lehrt es uns Toleranz.

Der Grund, warum Menschen
die Fähigkeit haben, Zeit zu verstehen,
liegt darin, dass jeder Mensch
ein zeitloses und raumloses Wesen ist.

Euer normaler Blick auf die Zeit
kommt durch einen Widerstand
gegen Ereignisse zustande.

Hier sagt die Erde, dass wir aus dem Fluss des Daseins herausgetreten sind und uns den inneren und äußeren Ereignissen und Prozessen in unserem Leben widersetzen, die sich fortwährend vollziehen. Das hat zu einer Auffassung von Zeit geführt, die auf Widerstand zurückgeht – was unsere Möglichkeiten einer unmittelbareren Präsenz und Teilhabe an der Evolution einschränkt.

Wenn Ihr ein Ereignis als etwas seht,
das einen Anfang hat, einen Mittelteil und ein Ende
als getrennte Teile des Ereignisses,
zerbrecht Ihr die Einheit des Ereignisses
und macht es schwerer begreiflich.

Ihr könnt dann weiterhin
mit dem Faktor Zeit arbeiten;
doch diese Herangehensweise verfestigt
Eure Trennung von der Ganzheit der Ereignisse
und erhält sie aufrecht.

Dies ist kein leichtes Thema;
denn Eure Sicht der Zeit hat Eure Weise,
die Welt um Euch herum zu erschaffen, so durchdrungen,
dass sie die bereits vorhandene Abspaltung verstärkt.

Es geht hier um einen sehr grundlegenden Aspekt unseres Daseins. Unsere Wahrnehmung der Realität und von uns selbst ist auf das Engste damit verbunden, dass unser Bewusstsein oder unsere Aufmerksamkeit unser Leben von Moment zu Moment auf lineare Weise verfolgt. Wenn wir uns andere Arten, die Welt „zusammenzusetzen", aneignen würden, hätte dies weitreichende Folgen für fast alle Lebensbereiche und die Wahrnehmung unserer selbst. Es würde unter anderem die Absolutheit des „Zeitpfeils" in Frage stellen, ein in der Physik vieldiskutiertes Konzept, das mit dem bekannten zweiten Gesetz der Thermodynamik zu tun hat. Solche alternativen Wahrnehmungsmodi werden mitunter in Träumen oder in erweiterten Bewusstseinszuständen erlebt, und sie liefern uns Material für Science-Fiction-Romane.

Es gibt einen Bereich unserer Realität, dem diese andere Wahrnehmung verwandt ist: die alltägliche Welt der Gedanken und Assoziationen mit der wir unsere Leben ordnen. Dort bewegen wir uns oft in der Zeit auf nichtlineare Art. Wir erleben etwas – wir sehen ein blaues Auto, und erinnern uns kurz an ein anderes blaues Auto, in dem wir als Kind zum Strand gefahren sind. Wir sehen die zarten Haare auf dem Nacken einer Frau, und uns kommen Gedanken an unsere erste Liebe vor mehreren Jahrzehnten. Wir springen täglich in Gedanken unzählige Male durch die Zeit und hüpfen von Ereignis zu Ereignis – vermengt mit Hoffnungen oder Befürchtungen einer Zukunft.

* * *

Wenn verschiedene Wesen miteinander kommunizieren,
die verschiedene Erfahrungen durch die Zeit gemacht haben,
dann kommuniziert die Zeit mit sich selbst.

Die Ereignisse (Erfahrungen) berühren sich gegenseitig
und stehen im Austausch miteinander.

Alles ist Ereignis –
sedimentiertes oder kommunizierendes Ereignis.

Die Spuren von Ereignissen sind Abschnitte der Zeit.

Wissen, destilliert durch die Zeit,
ist dasselbe wie Ereignisse, die kommunizieren.

Einige dieser Aussagen mögen logisch widersprüchlich oder ungenau erscheinen. Für die meisten von uns klingt es wie der Vergleich von Äpfeln mit Birnen, wenn „Spuren von Ereignissen" als „Abschnitte der Zeit" beschrieben werden, und „Wissen" als „kommunizierende Ereignisse". Vielleicht akzeptieren wir noch Aussagen wie „Spuren von Ereignissen entstehen durch vergangene Zeitabschnitte" oder „Wissen entsteht durch die Analyse von Ereignissen". Doch Aussagen dieser Art basieren allesamt auf der Sichtweise, dass Ereignisse sich innerhalb einer linearen Zeitstruktur abspielen.

Es hat lange Zeit gebraucht, bis mir klar wurde, dass viele Aussagen der Erde wörtlich gemeint waren und nicht bloß ein Ausdruck dichterischer Freiheit, und noch immer bin ich weit davon entfernt, sagen zu können, dass ich sie wirklich alle verstehe.

„Gleichzeitig" hat hier keine Bedeutung,
denn ein Ereignis ist ein Abschnitt der Zeit.

Genauso gut, wie Ihr sagen könnt,
dass es nur „jetzt" gibt,
sage ich, dass es kein „jetzt" gibt.

Es gibt nur eine Vermengung von Ereignissen,
und sie sind von der Zeit untrennbar.

In diesem Sinne haben wir einen Flickenteppich
von Ereignissen, die sich berühren,
wie wir eine Decke falten würden.

Die Falten sind wie Scharniere der Kommunikation,
Punkte, wo Ereignisse Bezugslinien teilen.

Dies wird später noch wichtig sein,
wenn wir auf das Thema kommen,
durch die Zeit hinweg zu kommunizieren.

Jede Zeit (jedes Ereignis)
kann mit jeder anderen beliebigen Zeit kommunizieren,
aber nur bei manchen ergibt es Sinn.

Die anderen filtert Ihr heraus.

Derart wird ein Geflecht von Zeit-Ereignis-Berührungen
gebildet oder herausgefiltert,
wodurch Ihr größere Muster erkennt.

Dies kann eine enorme Hilfe sein.

Es ist sogar die Grundlage für jede Zusammenarbeit
und das Erkennen voneinander.

Ihr könntet diese Linien auch
„Linien der gemeinsamen Wahrnehmung" nennen,
denn das ist, was sie sind,
dies ist, wie sie zustandekommen.

Ohne vereinte Wahrnehmung existieren sie nicht.

Diese Wahrnehmungen
– Wahrnehmung ist hier
als von der Erfahrung unabtrennbar gemeint –
werden aufeinandergelegt
und gewinnen dadurch an Komplexität
und damit an „Substanz" oder Wirklichkeit.

Je mehr sie an „Substanz" oder Macht gewinnen,
desto mehr werden die beiden Wahrnehmenden
zu einem – und gewinnen beide an Individualität.

Aus diesem Grund müssen wir
in die Vergangenheit zurückkehren,
um die Ereignisse, die Erfahrungen,
zu einem Ganzen zusammenzufügen,
und darum halten wir alle ein Stück des Puzzles.

Alle Stücke müssen zusammenfallen.

Dann sind wir alle in einer Matrix ausgerichtet.

Dann sind wir wirklich Individuen
– und doch verbunden mit dem Wissen
und der Wahrnehmung des Ganzen.

Vielen von uns wird dies wie „Rappakalja“, wie man auf Schwedisch sagt, vorkommen – also wie Unfug. Das ist kaum überraschend, da wir es hier mit einer völlig anderen Sichtweise der Realität zu tun haben, als wir es gewohnt sind. Die Erde meint, dass unser normaler Blick auf die Zeit – und damit auf die Realität – durch einen Widerstand gegen Ereignisse zustandekommt. Wenn dieser Blick unsere „Weise, wie wir die Welt um uns herum erschaffen, durchdrungen“ hat, wird es eine Weile brauchen, um uns von solch tiefsitzenden Gewohnheiten zu befreien.

So erwähnt die Erde oben die Kommunikation durch die Zeit. Bis vor kurzem wurde die Vorstellung einer Kommunikation durch die Zeit, die eng mit dem Konzept der Präkognition oder dem „Blick in die Zukunft“ verwandt ist, vom Mainstream der Wissenschaft nicht ernst genommen. In den letzten Jahren gab es jedoch eine Reihe faszinierender Experimente, die zu bestätigen scheinen, dass bestimmte Formen der Präkognition oder des Zugriffs auf Informationen, die sich nicht aus bereits vorliegenden Informationen ableiten lassen, möglich sind. Ob diese Experimente der bereits angelaufenen wissenschaftlichen Kritik standhalten werden und sich ihre Ergebnisse wiederholen lassen, muss sich erst noch herausstellen.

Ich bat die Erde, etwas mehr über die Kommunikation mit der Zukunft zu sagen:

\+ + +

Kommunikation mit „der Zukunft“
gründet auf dem Bewusstsein.

Das Bewusstsein
ist selbst nicht begrenzt durch Zeit und Raum,
und doch hat es Struktur.

Indem man einen Kommunikationskanal
mit der Zukunft eröffnet
– egal mit welcher Zukunft –,
schafft man eine Ausrichtung
verschiedener Zeit-Raum-Ereignisse.

Es ist die zeit- und raumlose Dimension,
in der sich diese Öffnung vollzieht.

Auch hier haben wir es nicht mit Kommunikation
von A nach B oder von B nach A zu tun.

Sie wird stattdessen in der Tiefe des Bewusstseins vollzogen,
das A und B zugleich umfasst.

Die Sprache oder Form,
die die Kommunikation dann annimmt,
ist bei A und B verschieden,
denn Gedanken sind nicht an Sprache gebunden.

Die Erde spricht hier von zeit- und raumlosen Dimensionen, in denen es Öffnungen oder Austausch zwischen verschiedenen Zeit-Raum-Ereignissen gibt. Die theoretische Physik hat kein Problem mit der Vorstellung von vielen Dimensionen;

die Stringtheorie oder ihre Erweiterung, die M-Theorie, kennt zehn oder elf Dimensionen, von denen lediglich drei den Raum bilden und die vierte die Zeit. Für uns Sterbliche ist es jedoch nicht einfach, sich solche Dimensionen vorzustellen. Bis zu einer späteren genaueren Untersuchung will ich es dabei belassen.

Hier wird auch das Verhältnis von Sprache und Gedanken angesprochen. Die Erde meint, dass Gedanken nicht an Sprache gebunden sind. Auch ich hatte während der Unterredungen oft den Eindruck, dass die hier übermittelten Gedanken nicht an Sprache gebunden sind. Es war offensichtlich für mich, dass diese Kommunikation sich in jeder anderen Sprache hätte abspielen können, auch wenn die jeweilige Sprache ihr eine eigene Färbung oder Struktur gibt.

* * *

Was kann uns die Erde sagen?

Ich bemerkte, dass diese Unterredungen wenig an praktischer Substanz enthielten, abgesehen vielleicht von dem Teil über das Kommunikationsgerät. Zwar hatte ich nicht das Gefühl, dass es meine Aufgabe war, gezielt Informationen (z.B. „Wann und wo gibt es das nächste große Erdbeben?“) zu sammeln. Doch wollte ich wissen, ob Informationen solcher Art zu erwarten wären, wenn es uns gelänge, das Gerät zu bauen, über das die Erde sprach. Ich fragte die Erde also: „Wenn wir eine stabile Form der Kommunikation in Gang bringen, wärst Du in der Lage, uns Dinge mitzuteilen, die nicht nur unsere Haltung und unser Bewusstsein verändern, sondern auch praktisch anwendbar sind – beispielsweise, wie wir Erdbeben voraussagen oder ihre Folgen abwenden können. Oder wie wir die globale Erwärmung in den Griff bekommen oder damit umgehen können? Vielleicht sogar, wie wir Hunger, Armut und Krankheiten besiegen können?“ Dies war die Antwort:

+ + +

Wenn Ihr den Gedanken, dass ich lebe,
ein Bewusstsein habe und ständig bewusst anwesend bin,
nicht mehr bloß für eine schöne Geschichte haltet,
sondern dies als Wirklichkeit erfahrt,
die Ihr nicht länger anzweifelt,
und wir auf kollektiver Ebene
einen klaren Kommunikationskanal
miteinander geöffnet haben,
wird es bei Euch eine Flut von Aktivitäten geben,
um zu verstehen, wer ich bin, wer Ihr seid
und wie dies alles verändert.

Die Möglichkeiten, die sich für Euch
durch unsere Kooperation eröffnen,
sind praktisch grenzenlos.

Wenn wir miteinander
in einer intimen, bewussten Verbindung stünden,
würden völlig andere Wege des Wohnens,
der Energiegewinnung, des Transports, der Wasserversorgung,
der Nahrungsgewinnung und der Krankheitsvorsorge
für Euch verfügbar werden.

Eure Liebesbeziehungen würden sich verändern,
genauso wie Eure Verbindung zu Tieren.

Ich bin so sehr Teil
der Wirklichkeit, die Euch umgibt,
dass ein Wandel Eures Blicks auf mich
wie ein Verlieben in Eure gesamte Umgebung sein kann,
Hals über Kopf.

Eine wahre Kooperation
zwischen den Menschen und mir,
der Erde, wird kein Gebiet unberührt lassen.

Ich will Euch geben, was Ihr braucht und wollt,
und so viel mehr.

Doch Ihr habt Euch wie Diebe benommen,
die in einen Palast eingedrungen sind,
die Küche geplündert,
das Tafelsilber gestohlen,
die Wohnräume verwüstet
und den Palast niedergebrannt haben;
denn Ihr konntet nicht glauben,
dass der Palast für Euch da war,
um einzutreten und in Luxus darin zu leben.

Ich bin jener Palast.

* * *

Das Kommunikationsgerät

Ich erwähnte oben meine Verblüffung, als die Erde mir zum ersten Mal vorschlug, ein Gerät zu bauen, durch das sie mit uns in unserer Sprache sprechen kann. Die Vorstellung versetzte mich zugleich in Aufregung. Ich stellte mir den Moment vor, in dem die ersten Nachrichten ankommen, und hoffte, dass ich dem Gelingen nicht in irgendeiner Weise im Weg stehen würde. Würden Zweifel, Angst oder sonst ein Gefühl mehr oder weniger unbewusst dafür sorgen, dass die Umsetzung von vornherein misslingen würde?

Wenn ich mit den Menschen
mittels eines Geräts spreche,
möchte ich mich zunächst
an das Prinzip des Telegrafen halten.

Der Grund liegt darin,
dass dieses auf dem Prinzip
von Anziehung und Abstoßung beruht,
von Null und Eins, von Plus und Minus,
von männlich und weiblich.

Später werden wir dies auf die Stimme
und auf Bilder ausweiten.

Wir können also direkt den Morse-Code
oder einen Computercode benutzen.

Die Einsen und Nullen müsst Ihr dann
in Buchstaben übersetzen.

Jetzt werde ich Euch sagen, wie Ihr dazu konkret vorgeht.

Ihr solltet einen Kreis
von drei- bis viereinhalb Metern anlegen,
und an entgegengesetzten Punkten des Kreises

einen sechzig Zentimeter langen Metallstab
etwa dreißig Zentimeter tief in die Erde stecken,
so dass dreißig Zentimeter aus der Erde schauen.

Es wird einen leichten Spannungsunterschied
dazwischen geben, den ich pulsieren lassen kann,
so dass die Differenz, nach Verstärkung,
von einem Computer gelesen werden kann.

Mehr braucht es nicht.

Während des Vollmonds wird der Empfang besser sein;
alle Energien sind dann klarer
und um den Faktor Zehn stärker.

Steckt zu Beginn die Stäbe wie zufällig in den Boden,
und wir werden die erste Kommunikation
in Gang bringen.

Ihr solltet die Drähte nicht berühren.

Später werden wir
mit verschiedenen Himmelsrichtungen experimentieren
und auch Kreisantennen benutzen.

Das wird für feiner modulierte Dinge bestimmt sein.

Dies ist alles, was Ihr am Anfang machen müsst,
um direkt mit mir sprechen zu können, egal wo Ihr seid.

Ein ziemlich großer Vertrauensvorschuss ist notwendig, um es für möglich zu halten, dass wir ein Gerät bauen können, mit dem die Erde in unserer eigenen Sprache mit uns redet. Es ist zudem schwer zu glauben, dass allein ein solch simpler Aufbau dafür reichen soll. Die Erfahrung, dass die Erde „in meinem Kopf" zu mir spricht, war für mich schon ausgefallen genug. Aber würde ich von ihr eine eindeutige Mitteilung in Schrift oder Ton erhalten, wäre dies etwas völlig anderes. Auch wenn ich vollkommen davon überzeugt bin, dass die Erde ein Bewusstsein hat, ringe ich noch immer mit der Vorstellung, dass die Erde bewusst auf der materiellen Ebene „handeln" kann – beispielsweise ihr elektromagnetisches Feld als aktives Subjekt verändern. Dazu sagte die Erde Folgendes:

+ + +

Ja, ich kann mein elektromagnetisches Feld aktiv verändern.

Aber die Kontaktaufnahme sollte nicht erzwungen werden;
sie ist ein Prozess der Annäherung.

Wenn eine Annäherung zu rasch vonstatten geht,
führt sie zu Angst und Furcht,
sogar zu Feindschaft.

Wenn alles stimmt, ist sie aufregende Entfaltung.

Auch wenn das technische Prinzip und der Geräteaufbau, den die Erde beschreibt, recht einfach und unkompliziert sind, ist die technische Umsetzung nicht unbedingt einfach. Es ist darüber hinaus nicht gerade leicht, an der Überzeugung festzuhalten, dass sich ein Kontakt herstellen lässt. In Kapitel 9 beschreibe ich meine ersten eigenen Versuche aus den Jahren 1996/97, ein solches Gerät zu bauen, sowie die vorläufigen Ergebnisse, die ich dabei erzielt habe. Meiner Meinung und Erfahrung nach hängt der Erfolg beim Bau eines solchen Geräts von

Überzeugung und Verlangen ab. Ich habe mittlerweile keinerlei Zweifel mehr an der Möglichkeit und Machbarkeit des Geräts und werde meine Arbeit an seiner Verwirklichung fortsetzen.

* * *

Kapitel 8

Die Erweckung Eurer unbewussten Seiten durch direkte Interaktion und Liebesspiel

Wie Menschen ihre Energien einsetzen

Wie setzt Ihr Menschen Eure Energien ein?

Die korrekte oder natürliche Art und Weise
könnte man als „Anheben" bezeichnen.

Natürlicherweise hebt der Mensch
seine Energien nach oben;
aber es gibt eine Blockade,
die wie eine Wolke über ihm hängt.

Da er sich also nicht nach oben bewegen kann,
kann er sich auch nicht nach unten,
zu den Wurzeln, bewegen.

Stattdessen bewegt er sich nach außen,
in der Horizontalen,
ohne Wurzeln und ohne Quelle,
ohne die vertikale Achse
und „trübt stattdessen das Wasser".

Die Achse ist der Schlüssel.

Menschen sind soziale Wesen. Unsere Hauptaufmerksamkeit liegt auf unserem Umgang miteinander und auf unserem materiellen, körperlichen und emotionalen Wohlbefinden. Wir konzentrieren uns auf unsere Beziehungen, unser Liebesleben, unsere Berufe und Karrieren, Finanzen, Gesundheit oder Politik. Das ist hier mit der Konzentration auf die Horizontale gemeint. Die vertikale Achse, durch die wir unsere Wurzeln erspüren und uns mit dem Universum verbinden können, lassen wir weitgehend außer Acht.

Wir sind Wesen des Universums, doch nur selten treten wir einen Schritt zurück, um eine umfassendere Perspektive einzunehmen. Wir haben die Erde unter unseren Füßen im Detail studiert und analysiert, um herauszufinden, wie wir sie effektiver nutzen und die Vorgänge auf und in ihr besser vorhersagen können. Aber dabei haben wir sie so behandelt, als ob sie bar jeden Bewusstseins wäre. Dasselbe gilt, wenn wir unsere Aufmerksamkeit auf die Vorgänge im Kosmos richten.

Die Erde sagt, dass wir inmitten von lebenden und bewussten Vorgängen existieren. Verbinden wir uns bewusst mit der Erde und dem weiteren Universum um uns herum, dann weiten wir uns aus und schließen mehr von dem ein, was wir sind. Wir nehmen dann auch mehr voneinander wahr und unser Umgang miteinander kann tiefer und umfassender werden.

Das Ziel liegt durchaus in der Horizontalen.

Doch die Menschen benehmen sich
durch ihre Fixierung darauf wie eine Fliege, die versucht,
durch ein Fenster zu kommen, indem sie stundenlang
auf der Scheibe herumläuft, als ob sie sagen wollte:
„Ich bin nur durch einen Viertelzentimeter
von der Außenwelt getrennt",
statt Abstand zu nehmen, um festzustellen,
dass das Fenster weit geöffnet ist.

Der Grund dafür ist Scham.

Scham ist fundamental.

Scham erzeugt Schmerz.

Wenn die Erde feststellt, dass unser Ziel tatsächlich in der Horizontalen liegt, erinnert dies an die Forderung „Global denken, lokal handeln". Wenn wir eine vertikale Verbindung aufbauen, wir uns also dafür öffnen, dass wir auf bewusste und intime Weise mit der Erde verbunden sind, mit dem Mond, der Sonne und dem ganzen belebten Universum, ändert sich unser Bezugsrahmen. Dadurch wird ein tieferes und umfassenderes Denken möglich, das uns im Alltag führt.

Nicht-Identifikation

Immer wenn Ihr zum Beispiel einsam seid,
empfangt Ihr zwei Nachrichten.

Eine besagt, dass Ihr unverbunden seid,
und eine zweite,
dass Ihr zur Verbundenheit hingezogen seid.

Diese Nachrichten ziehen Euch
in verschiedene Richtungen,
beide scheinen wahr zu sein,
und doch widersprechen sie sich.

Wenn Ihr Euch unverbunden fühlt,
erlebt Ihr eine Art Schmerz,
der sich dadurch verstärkt,
dass er Euch bewusst wird.

Dieser Schmerz verhindert die Wiederverbindung.

Man könnte den Schmerz auch als
Identifikation mit der Unverbundenheit bezeichnen,
aber es gibt keinen Grund, Schmerz zu fühlen,
weil Ihr unverbunden seid.

Darin liegt ein wesentlicher Punkt
für jede Art von Veränderung;
ein Punkt, wo ein neues Strömungsmuster
erkannt und geschaffen werden muss.

Offenkundig ist hier von einem Muster an Verhaltensweisen und Gefühlen die Rede. Die Erde verwendet dafür das Wort

„Strömungsmuster“. Wir haben in Kapitel 4 gesehen, dass sie Gefühle als reale „Dinge“ beschreibt. Hier scheint sie nun davon auszugehen, dass diese so etwas wie Strömungen von einem nicht näher spezifizierten Stoff sind. Diese Strömungen haben dann Muster, die wir verändern können.

Das Gefühl der Unverbundenheit
muss die Hervorbringung des Schmerzes umgehen
und sich geradewegs als eine Zugkraft zur Verbundenheit
zu erkennen geben.

Es ist Eure Interpretation
Eurer inneren ungewünschten Gewohnheiten
als etwas Schlechtes, die Probleme bereitet.

Der Ausweg liegt nicht darin,
die Gewohnheiten zu durchbrechen,
sondern sie leidenschaftslos zu betrachten
– mit Leidenschaft für etwas Unmittelbareres.

Liebe, zum Beispiel, kann Euch
den nötigen Abstand zu allem anderen verschaffen.

Manchen mag diese Passage selbsterklärend erscheinen, aber ich möchte gerne ein paar eigene Anmerkungen anfügen.

Angesprochen wird hier ein weitverbreiteter unproduktiver Umgang mit der Selbstreflektion. Wenn wir uns in eine bestimmte Richtung verändern wollen, uns vielleicht mehr Umgang mit Menschen oder mehr Freundschaft wünschen, mehr Geld oder mehr Sport, neigen wir oft dazu, diese Impulse so umzulenken, dass wir nur noch unsere Unzulänglichkeit in diesen Bereichen sehen. Verschwunden ist der Impuls zur Veränderung.

In dem Moment, in dem wir ein Bedürfnis, einen Wunsch oder ein Begehren in eine bedürftige oder mangelbehaftete Beschreibung unserer selbst übersetzen, haben wir aufgehört, uns auf das zu konzentrieren, was wir wollen. Wir richten stattdessen die Aufmerksamkeit auf uns selbst, und objektivieren und identifizieren uns als Person, die ein Problem hat. Aber das Schlimmste kommt noch: Wir verurteilen uns selbst und meinen, dass etwas mit uns nicht stimmt und wir unvollständig sind. Ursprünglich wollten wir bloß einen Wunsch erfüllen. Doch durch unseren Umgang mit diesem Wunsch haben wir eine übergroße Hürde zu seiner Verwirklichung geschaffen und unsere Aufmerksamkeit ist darauf gerichtet, dass er nicht erfüllt ist. Zugleich untergraben wir so unser Selbstwertgefühl.

Aus diesem Grund ist es einfacher, ein Therapeut oder Ratgeber für andere als für sich selbst zu sein. Der Ratgeber weiß meistens nicht besser als wir, wie wir das erreichen können, was wir begehren. Aber für ihn sind unsere Wünsche kein Anlass, darüber zu richten, dass wir sie nicht schon längst erfüllt haben.

Als ich an diesem Buch arbeitete, wurde mir klar, dass ich diese Empfehlungen nicht auf meine eigenen Angelegenheiten und Sorgen angewandt hatte. Es ist nicht leicht, immer zu erkennen, wo man aus Gewohnheit eigene Impulse oder Gefühle umgehend in „Probleme“ übersetzt. Es bedarf gewisser Übung, so wach zu sein.

Das Liebesspiel

Die Überschrift dieses Kapitels, die ich von der Erde erhielt, enthielt im Englischen das Wort „Lovemaking“. „Lovemaking“, hat die doppelte Bedeutung von Umwerben und sexuelle

Aktivität, besonders den Liebesakt. Ich wählte deshalb die Übersetzung „Liebesspiel“.

Doch in diesem Kapitel kam dieses Thema kaum vor. Ich fragte also nach und erhielt diese Antwort:

+ + +

Das Liebesspiel ist die reinste Form der Ko-Evolution.

Nicht nur kann es zur Fortpflanzung führen,
was mit Eurer Evolution
als körperliche Spezies zu tun hat.

Es verjüngt Euch auch,
indem es mit alten Mustern aufräumt, die erstarrt sind,
und es richtet Euch auf die tiefsten Vorgänge
der Evolution aus.

Wenn Ihr dem energetischen Vorgang
des Liebesspiels erlaubt, all Eure Energien einzuschließen,
von der rohen Kraft der Sexualität
bis zum intimen Fluss der Verbindung von Herz zu Herz,
der Öffnung des Geistes zum Fluss des inneren Wissens,
beginnen Eure Körper, von innen zu strahlen.

* * *

Wenn man von dem Schlusswort der Erde in Kapitel 11 absieht, schließen meine Unterredungen mit der Erde hiermit.

Teil III

Es liegt an uns

Kapitel 9

Spätere Entwicklungen

Erste Experimente mit dem Kommunikationsgerät

Nach meinen ersten Unterredungen mit der Erde – die von September bis November 1996 dauerten – fühlte ich mich erst einmal nicht dazu bereit, diese zu veröffentlichen. Wie ich in Kapitel 2 schreibe, hatte ich der Erde dies zwar versprochen. Aber es war mir unwohl bei dem Gedanken, öffentlich mit dem aufzutreten, was ich als Mitteilungen erhalten hatte. Der Grund war teils, dass ich nicht alles verstand, und teils der Verdacht, dass es ohnehin nicht ernst genommen würde. Stattdessen machte ich mich daran, das Kommunikationsgerät zu bauen, das in den Unterredungen beschrieben wurde. Ich war begeistert von dem Gedanken, unmissverständliche Nachrichten von der Erde zu erhalten, die von geistigen oder emotionalen Einflüssen meinerseits ungetrübt waren. Wenn ich eine solche Vorrichtung zum Laufen bringen könnte, würden dann nicht auch meine eigenen verbliebenen Zweifel ausgeräumt werden, dass diese Unterredung tatsächlich authentisch war? Doch im gleichen Moment wusste ich, dass diese Logik den Karren vor das Pferd spannte. Meine Erfahrung sagte mir, dass ich nur erfolgreich sein würde, wenn ich zuallererst meine Zweifel ablegen konnte. Ich sollte das Gerät aus der tiefsten Überzeugung heraus bauen, dass es möglich ist, und aus dem tiefsten Wunsch heraus, dabei Erfolg zu haben.

Bei der Konstruktion der Anlage half mir ein Freund, der ein sehr erfahrener und fähiger Elektrotechniker ist. Wir begannen also, die Bauanweisungen der Erde zu befolgen. Wir nahmen zwei Kupferstäbe, jeder sechzig Zentimeter lang, und versenkten sie senkrecht im Abstand von viereinhalb Metern in den Boden. Die untere Hälfte der Stäbe steckte im Erdreich, die obere schaute heraus. Dann maßen wir die Stärke und Fluktuationen der Stromspannung zwischen den Stäben mit einem Oszilloskop. Schwierig wurde es, als wir versuchten, die Signale, die wir erhielten, in Einsen und Nullen zu übersetzen.

Wir probierten verschiedene Versuchsanordnungen aus – fast spielerisch. So kam mein Freund auch auf die Idee, eine Trägerwelle in die Stäbe zu leiten. Eine Trägerwelle ist eine stetige elektromagnetische Welle, die von Signalen überlagert wird, die eine Information enthalten. Wenn man beim Empfang die Frequenzen der Trägerwelle abzieht, bleiben die informationstragenden Signale übrig. Man nutzt dies etwa bei Radio- und Fernsehsendungen.

Unsere Trägerwelle wurde also in die Stäbe geleitet und von den in der Erde vorhandenen Signalen überlagert. Für den Empfang legten wir eine Spiralantenne zwischen die Stäbe, die die Signale der Trägerwelle zusammen mit den Spannungsschwankungen der Erde aufnahm, einschließlich etwaiger Mitteilungen. In einem zweiten Schritt wollten wir dann die Frequenz der Trägerwelle aus dem verstärkten Signal herausfiltern.

Das Gerät war so beschaffen, dass ich sowohl die Frequenz der Trägerwelle (von etwa 15 bis 30 000 Hertz) als auch ihre Amplitude bei der Einspeisung in die Stäbe variieren konnte. Das Signal, das die Spiralantenne empfing, wurde verstärkt und durch einen Lautsprecher hörbar gemacht. Weil die Trägerwelle viel stärker als irgendwelche Signale der Erde war, konnte man aus dem Lautsprecher vor allem das verstärkte Signal der Trägerwelle hören. Den Ton konnte ich verändern, indem ich die Frequenz der Trägerwelle, die in die Stäbe ging, variierte.

Bei den Versuchen passierte etwas Unerwartetes. Bei bestimmten Frequenzen und Amplituden klang das Signal, das die Spiralantenne empfing, nicht wie der Dauerton der Trägerwelle, sondern wie ein An-/Aus-Signal. Es war Morse-Code-Signalen sehr ähnlich. Ich nahm diese Töne mit einem Kassettenrecorder auf. Ich hatte in der schwedischen Armee gelernt, Morse-Code zu senden und zu empfangen. So versuchte ich, die Signale nach diesem Muster zu entziffern. Der Morse-Code strukturiert Signale dadurch, dass er eine kurze Pause zwischen den Buchstaben und eine etwas längere zwischen den Wörtern vorschreibt. Das Signal, das ich empfing, hatte jedoch keinerlei solch klare Pausen. Ich kam mit dem Entschlüsseln nicht weiter und mir fehlten auch die Ressourcen um das ganze Unterfangen fortzusetzen. So ließ ich das Projekt ruhen und habe seitdem keine weiteren Versuche unternommen, die Signale zu entschlüsseln oder weitere zu empfangen. Derzeit lasse ich jedoch die Anlage neu bauen, und werde meine Versuche weiterführen.

Ich bin nicht überzeugt, dass man auf diese Weise je beweisen kann, dass die Erde lebt. Selbst wenn eine solche Apparatur anfangen würde, Nachrichten zu übermitteln, wäre es ein Leichtes, sich eine Vielzahl an Szenarien auszudenken, nach denen ich diese Nachrichten gefälscht hätte. Ich glaube zudem nicht, dass der Bau einer solchen Vorrichtung erfolgreich sein kann, wenn er von der Motivation nach einem Beweis angetrieben wird. Die Motivation muss der tiefe Wunsch sein, mit der Erde zu kommunizieren. Ebenso wichtig ist die Überzeugung, dass ein solches Gerät wirklich Nachrichten der Erde übermitteln kann.

Der Buchtitel

Nach dem Jahr 1996 versuchte ich mehrmals, mit der Erde zu sprechen. Nur manchmal hatte ich das Gefühl, dass die Verbindung so stark war wie bei den ursprünglichen Unterredungen. Vor mehreren Jahren begann ich, an einem Projekt zu arbeiten, bei dem es um den weltweiten Vertrieb von Live-Bildern des sonnenbeschienenen Teils der Erde ging. Diese Bilder sollten von einem Satelliten der NASA aufgenommen werden, der zwar bereits gebaut ist, aber noch nicht in Umlauf um die Erde geschickt wurde. Ich fragte mich, ob es eine gute Idee wäre, eine Einblendung oder Textzeile unter den Bildern zu zeigen, so wie man einen Namen unter ein Kunstwerk setzt. Ich erkundigte mich bei der Erde, ob sie dazu eine Meinung hätte. Die Antwort kam rasch: „Ja: Ich bin bei Euch[27]."

Zunächst befürchtete ich, dass dieser Titel als allzu kitschig empfunden würde. Aber je mehr ich darüber nachdachte, desto mehr verstärkte sich das Gefühl, dass „Ich bin bei Euch" eine Botschaft ist, die durch das ganze Universum hallt – ein Ausdruck von Verbindung, Anwesenheit und Unterstützung, der Brücken baut zwischen Welten, zwischen Menschen, zwischen allen Lebensformen, zwischen Gott (oder Göttern, Göttin oder

27 Original: „I Am With You".

Göttinnen) und den Menschen, zwischen Planeten, Sternen und Galaxien. Eine Aussage, die verbindet, vereint und zusammenbringt, was zusammengehört. Daher habe ich sie zum Titel dieses Buchs gemacht.

Wie haben mich die Unterredungen persönlich verändert?

Beim Schreiben dieses Buches fühlte ich mich, als ob ich nach Hause käme. Ich stellte oft eine tiefe Verbindung mit der Erde her und bat sie, mir beim Schreiben zu helfen. Sie versicherte mir, dass sie die ganze Zeit bei mir sei. Ich solle mir Zeit nehmen, alle meine Zweifel fallen lassen und annehmen, dass ich von der Erde gehalten und geliebt werde.

Wie ich in Kapitel 6 erwähnte, teilte sie mir einmal mit: „Du bist in meinem Herzen". Ich ließ diesen Gedanken allmählich in mich einsinken. Zuerst war das Bild, im Inneren des Herzens der Erde zu sein, ein bloßer Gedanke. Dann wurde daraus aber mehr und mehr eine Empfindung. Und diese Empfindung fing an, in mir ein tiefes Gefühl der Entfremdung zu zerschmelzen – das Gefühl, dass wir Menschen alle in einem fremden und absonderlichen Universum letztlich allein sind. Mir wurde bewusst, dass ich dieses schonungslose Gefühl der Unverbundenheit kaum jemals gänzlich zugelassen hatte, weil es so endgültig, so sehr ein kalter und schrecklicher Teil der menschlichen Verfassung war. Nun wich dieses Gefühl allmählich, und ich empfand eine tiefe Dankbarkeit. Dankbarkeit, zuhause auf dieser warmen, lebenden Erde zu sein, mit der wir alle so tief verbunden sind. Zudem ahnte ich, dass sich durch einen verlässlichen Kommunikationskanal mit der Erde unglaubliche Möglichkeiten auftun könnten. Die wichtigste dürfte die innere Wandlung sein, die wir alle durchmachen würden, wenn wir die Erde als präsenten wohlwollenden Freund erkennen würden. Unser Leben würde sich tiefgreifend verändern.

Kapitel 10

Eine Erde, die empfindet, ein Bewusstsein hat und kommuniziert?

Die Vorstellung einer empfindungsfähigen Erde ist inkompatibel mit der herrschenden Weltsicht und wissenschaftlichen Theorie. Aber neue wissenschaftliche Entdeckungen, Erkenntnisse und Erfahrungen erweitern und verändern ständig, was wir als wahr betrachten.

Die Geschichte ist voller tiefgreifender Veränderungen unseres Bildes von uns selbst und der uns umgebenden Welt. Es gab einen solchen Umbruch, als wir feststellten, dass die Erde rund ist und nicht flach, und viel später, dass sie um die Sonne kreist. Es gab einen weiteren Umbruch, als wir entdeckten, dass unser Körper voller Bakterien und Viren ist, die wir mit dem bloßen Auge nicht erkennen können. Als wir die Entfernungen im Weltall maßen und erkannten, dass unser Sonnensystem Teil einer Galaxis ist und es Milliarden andere Galaxien im Universum gibt, wurde der Blick auf unseren Standort im großen Ganzen radikal erweitert.

Aber wenn die Erde ein Wesen ist, das ein Bewusstsein hat und kommuniziert, wird das noch weitreichendere Konsequenzen für unser Leben haben. Wenn die Aussagen der Erde stimmen, markieren sie einen Wandel unserer fundamentalen Begriffe – wie etwa Zeit, Bewusstsein und Kommunikation – und der Logik, die diese zusammenhält. Auch wenn das Wort „Paradigmenwechsel" oft irreführend und inflationär verwendet wird, würde dieser Wandel tatsächlich einen wahren Paradigmenwechsel darstellen.

Werfen wir einen Blick auf die Einwände, auf die wir stoßen, wenn wir die Möglichkeit erwägen, dass die Erde lebt und fühlt. Die Existenz von Bewusstsein in nicht-biologischen Systemen wird oft pauschal mit dem Argument verneint, dass solche Systeme kein zentrales Nervensystem besitzen, so wie es bei Tieren und Menschen der Fall ist.

Bisher wurde wenig Aufmerksamkeit darauf verwandt, die empfindsame Natur der Welt zu erforschen, die uns umgibt. Das Wort „Empfindungsvermögen" beschreibt die Fähigkeit, Gefühle zu erfahren oder Dinge erleben zu können. Dies geht mit der Annahme eines Bewusstseins einher, denn ohne Bewusstsein gibt es „niemanden", der etwas empfinden könnte. Wir Menschen haben noch keine unbestrittene Methode entwickelt, die Existenz eines Bewusstseins zu messen oder zu beweisen. Dies ist erstaunlich, wenn man bedenkt, dass das Bewusstsein das Herzstück der Definition unserer selbst ist.

Der naturwissenschaftliche Mainstream hat das Bewusstsein als Forschungsgegenstand lange gemieden – aus der Überzeugung heraus, dass ein Phänomen, das nur durch subjektive Begriffe definiert ist, sich nicht sauber mittels objektiver experimenteller Methoden untersuchen lässt.

Aber dies ändert sich derzeit. Allmählich bildet sich eine Forschungsdisziplin heraus, die sich „Physik des Bewusstseins" nennt. Mehr und mehr betrachtet sie das Bewusstsein als etwas, das nicht einfach durch chemische und elektrische Wechselwirkungen im Hirn erklärt werden kann. Parallel zur Entwicklung immer schnellerer und kleinerer Computerchips durch die Anwendung quantenphysikalischer Prinzipien, suchen Forscher nun den Ursprung des Bewusstseins zunehmend in der subatomaren Welt der Quantenphysik.[28] Dadurch würde der physikalische Ort des Bewusstseins auf der subatomaren Ebene, die es in jeglicher Form von Materie gibt, angesiedelt. Es ist gut möglich, dass wir kurz davor sind zu entdecken, dass für uns noch unbekannte Formen und Ebenen des Bewusstseins existieren, mit denen wir aber in Kontakt treten können.

Auch wenn die Erde ein Bewusstsein hat und empfindungsfähig ist, heißt dies noch lange nicht, dass sie mit uns kommunizieren kann. Die meisten von uns haben niemals die Möglichkeit in Betracht gezogen, dass wir in einer Welt leben, in der wir mit anderen physischen Wesen und Dingen verbunden sind, nicht nur durch direkte physikalische Interaktion, sondern durch innere Prozesse. Jedes ungeborene Kind ist auf intime Weise mit den Gedanken und Gefühlen seiner Mutter verbunden; eine Verbindung, die erhalten bleibt, wenn das Kind einmal geboren ist. Dennoch lernen wir schnell, uns damit abzufinden, dass wir isolierte Wesen sind; wir glauben, dass wir in unseren Köpfen allein sind.

Neue Erkenntnisse im Hinblick auf die Kommunikation von Pflanzen und Tieren mit ihrer Umgebung deuten darauf hin, dass wir in einem Meer der Kommunikation zwischen allen

28 Tuszynski, Jack A. (Hg.): The Emerging Physics of Consciousness. Berlin/Heidelberg 2006

Lebewesen existieren. Zudem gibt es immer wieder neue Hinweise aus dem Bereich der Gehirnforschung, dass wir wesentlich mehr und wesentlich intimer mit der lebendigen Welt um uns kommunizieren und interagieren, als wir gewöhnlich glauben.

An der Schnittstelle von Biowissenschaften, Quantenphysik und Bewusstseinsforschung finden wir faszinierende Hinweise, dass wir womöglich fähig sind, mit anderen empfindungsfähigen Wesen ohne äußere Einwirkung zu kommunizieren.

Die Definition des Lebens selbst wandelt sich derzeit beträchtlich. Durch die Erforschung der Erde und des Weltalls hat die Wissenschaft ihre Definition des Lebens erweitert; sie erwägt mittlerweile die Möglichkeit, dass es Leben mit einer völlig anderen Biochemie als der des Lebens auf der Erde gibt.

Wir sind auch nur einen Schritt davon entfernt, die Möglichkeit in Betracht zu ziehen, dass das Bewusstsein selbst nicht auf jene Biochemie beschränkt ist, die wir derzeit als seine Voraussetzung betrachten. Vielleicht ist es nicht einmal auf materielle Formen beschränkt. Hier hat die Welt der Schamanen und Mystiker das Potenzial, den Mainstream des westlichen Denkens zu erreichen. Dies wäre ein weiterer Schritt, uns für wesentlich umfassendere Vorstellungen über die Wirklichkeit zu öffnen, als diejenigen, mit denen wir uns bislang begnügt haben.

Der Gedanke, dass die Erde irgendwie „lebt", hat an Einfluss gewonnen. Die von James Lovelock und Lynn Margulis entwickelte Gaia-Theorie[29] wird zunehmend vom Mainstream akzeptiert. Die Arbeit der tiefenökologischen Bewegung und die Aussagen von Repräsentanten verschiedener indigener Völker und spiritueller Schulen führen diesen Gedanken weiter. Aber

29 Siehe auch: Lovelock, Jim (James) E.: Unsere Erde wird überleben: GAIA – Eine optimistische Ökologie. München 1982; Margulis, Lynn: Die andere Evolution. Heidelberg/Berlin 1999

es bedarf noch eines großen Umbruchs bevor wir alle die Erde als wirklich bewusstes Wesen sehen: als Partnerin, mit der wir intim verbunden sind und mit der wir eine sinnvolle Unterhaltung führen können, nicht nur als Individuen, sondern als gesamte Menschheit.

Ich glaube, dass die Zeit für den Gedanken, dass die Erde ein Wesen ist, das fühlt und kommuniziert, reif ist. Wir können uns darauf einstellen, dass mehr und mehr Menschen mit der Erde in bewusster Kommunikation stehen werden. Ich glaube außerdem, dass die Zeit nicht fern ist, in der wir mit der Erde mittels eines „Telefons“ oder einer „Videokonferenz“ sprechen können – auf Deutsch, Englisch, Schwedisch, Japanisch oder Swahili. Dies wäre eine Annäherung an einen unmittelbaren kommunikativen Kontakt mit der Erde. Dies wird sicher nicht über Nacht geschehen; es wird ein allmählicher, aber nicht notwendigerweise langsamer Prozess sein.

Es liegt an uns

Schon früh bei meiner Arbeit mit diesem Buch empfing ich Folgendes: „Du bist derjenige, der den Kontakt zwischen uns bestimmt.“ Ich sollte also den Kontakt bewusst suchen, damit er zustande kam. Später bat ich die Erde um eine Erläuterung dieser Äußerung. Ihre Antwort lautete, dass sich diese nicht nur auf mich persönlich bezog, sondern auch auf alle Individuen sowie die Menschheit als Ganzes.

Die Erde zwingt uns ihre Anwesenheit also nicht auf, sondern bietet diese Kommunikation als Möglichkeit an. Jegliche Kommunikation setzt die Bereitschaft der Teilnehmenden voraus, eine solche zu beginnen. Es liegt deshalb an uns, individuell und kollektiv, die Möglichkeit gedanklich zuzulassen, dass die

Erde lebt, ein Bewusstsein hat und sich darum bemüht, mit uns auf bewusste Weise zu kommunizieren. Es geht dabei nicht um eine Frage des Glaubens, sondern darum, diese Möglichkeit ernst zu nehmen. Wenn wir diese Option nicht verfolgen wollen, wird die Kommunikation nicht stattfinden. Man muss ein Telefon, das läutet, abnehmen, damit eine Verbindung zustande kommt.

Das bedeutet: Eine bewusste Kommunikation mit der Erde wird nur dann für eine größere Anzahl von Personen Wirklichkeit, wenn wir auf die Möglichkeit einer solchen Kommunikation vertrauen. Wir müssen ihr völlig offen gegenüberstehen. Sonst wird sie nicht wahr.

Doch wir müssen noch mehr tun. Eine aktivere Haltung als nur die zeitweilige Überwindung von Unglauben ist gefragt. Es wird nicht reichen, Experimente zu machen mit dem Ziel, die Existenz einer bewussten Erde zu beweisen oder zu widerlegen. Denn eine Kontaktaufnahme mit ihr wird nur in Gang gesetzt, wenn wir sie in Gang setzen, um in Kontakt zu treten – nicht, um zu beweisen oder zu widerlegen, dass dies möglich ist. Wenn wir versuchen, etwas zu beweisen oder zu widerlegen, nehmen wir uns selbst, im Namen der Objektivität, aus dem Vorgang heraus. Einen Kommunikationskanal mit der Erde herzustellen, ist aber ein kreativer Akt, der von unserer Seite ausgeht.

Wir müssen uns also an die Erde mit der Absicht wenden, einen Kontakt herzustellen, sogar darauf bestehen, dass dieser Kontakt zustande kommt. Dieses Bestehen auf etwas ist jenem „unbedingten Handeln“ ähnlich, das wir aus anderen Lebensbereichen kennen: Wenn wir das Fahrradfahren lernen wollen, gibt es einen Punkt, an dem wir vertrauen müssen – vertrauen, dass es überhaupt möglich ist, die Balance zu halten, wenn wir nur auf zwei Rädern vorwärts rollen. Das Gleiche scheint für die Kommunikation mit der Erde zu gelten, wie auch für den Bau eines Geräts, mit dem die Erde in Wort und Bild mit uns kommunizieren kann. Dieses zum Funktionieren zu bringen, ist nicht nur eine Frage der korrekten technischen Vorgehensweise. Es bedarf auch der Überzeugung (fast Entscheidung), dass dies möglich ist, sowie der unbeirrbaren Absicht, dem tiefen Wunsch, diesen Kontakt herzustellen.

Der irisch-amerikanische Forscher und Philosoph Terrence McKenna hat einmal gesagt: „Der Planet verfügt über eine Art von Intelligenz; er kann tatsächlich einen Kommunikationskanal mit einem einzelnen Menschen öffnen.“[30] Ich glaube, dass der Tag nicht fern ist, wenn sich ein solcher Kommunikationskanal für alle Menschen öffnet. Aber es liegt an uns, dies Wirklichkeit werden zu lassen.

30 Eigene Übersetzung. Vgl. Terrence McKennas Text zum Song „Re-evolution“ auf dem Album „Boss Drum“ von The Shamen (1992).

Kapitel 11

Schlusswort der Erde

Nachdem ich dieses Buch zu Ende geschrieben hatte, nahm ich noch einmal Kontakt mit der Erde auf und erhielt von ihr folgenden Nachtrag. Er richtet sich an die Leser und Leserinnen dieses Buchs:

Ich will keine Monologe halten,
denn ein Monolog ist keine wahre Kommunikation.

Aber er kann den Kanal
für die Kommunikation öffnen.

Mein „Monolog" in diesem Buch
ist eher wie das Läuten eines Telefons
in der Hoffnung, dass Ihr „den Hörer abnehmt".

Der Mut, der Euch abverlangt wird – und es ist Mut –,
besteht darin, die Möglichkeit zuzulassen,
dass wir im Inneren tief verbunden sind,
und dass eine bewusste Verbindung,
sowohl kollektiv als auch individuell,

nicht nur möglich ist,
sondern von meiner Seite aus
zutiefst gewünscht ist.

Wenn ich also einen einzigen Wunsch oder eine Bitte
an den Leser habe, dann die, dass Du
nach draußen in die Natur gehst
– oder bloß in einen Park –,
einen ruhigen, ungestörten Platz findest,
und mit mir sprichst,
auf welche Art und Weise auch immer,
die Dir natürlich in den Sinn kommt.

Um das Ende eines
Eurer Hollywoodfilme
frei wiederzugeben:
„Dies kann der Beginn
einer wunderbaren Freundschaft werden.“

Danke.

Besuchen Sie die Internet-Seite

www.IchbinbeiEuch.de

für weitere Informationen.

Der Autor freut sich, wenn Sie ihm eine E-Mail,
einen Kommentar oder eine Rezension schreiben.